Eine von vielen Begegnungen:
Ein kurzer Plausch am 5. August 2006 in Castel Gandolfo im Anschluss an das große Fernsehinterview von ARD, ZDF, Deutscher Welle und Radio Vatikan im Vorfeld der Reise Papst Benedikts nach Bayern.

Foto: L'Osservatore Romano

Michael Mandlik

Benedikt XVI.

Michael Mandlik

Benedikt XVI.

In Rom und unterwegs – der Papst aus der Nähe

HERDER

FREIBURG · BASEL · WIEN

www.herder.de

Satz: Barbara Herrmann, Freiburg
Herstellung: CPI – Clausen & Bosse, Leck

Gedruckt auf umweltfreundlichem, chlorfrei gebleichtem Papier
Printed in Germany

ISBN 978-3-451-29836-3

Inhalt

Vorwort

Für gewöhnlich soll ein Vorwort den Leser vorbereiten, um ihn mit dem nachfolgenden Inhalt vertraut zu machen. Häufig wird in Vorworten auch erst einmal umständlich erklärt, was das jeweilige Buch *nicht* sein soll. Was es dann eigentlich soll, kann man auch nicht immer sofort erkennen. Da ist es dann aber vielleicht zu spät, etwa weil man das Buch schon gekauft hat. Ich erspare Ihnen das alles.

Als der Verlag Herder auf mich zukam und mich fragte, ob ich nicht ein Buch über Papst Benedikt XVI. schreiben möchte, da habe ich sofort gesagt: „Aber davon gibt's doch schon so viele!" „Jaaa", sagte der Mann vom Verlag, „das stimmt. Aber Sie kennen den Papst doch schon ziemlich lange. Ich könnte mir vorstellen, dass Sie da auch Geschichten erzählen können, die noch keiner kennt." „Mag sein", sagte ich und dachte erst einmal nach. Zwei Tage später sagte ich zu. Mir waren tatsächlich jede Menge Dinge eingefallen, die ich in meinen nunmehr 14 römischen Jahren mit Benedikt XVI. bzw. Joseph Kardinal Ratzinger erlebt habe. Die markantesten habe ich nun aufgeschrieben. Und dazu auch ein paar Anekdoten rund um den Vatikan.

Also gut: Dieses Buch soll bei allen inhaltlichen Schilderungen keine Analyse des bisherigen und auch kein Ausblick auf den künftigen Verlauf des Pontifikats Papst Benedikts XVI. sein. Es sind vielmehr meine ganz subjektiven Beobachtungen und Erfahrungen mit einem Menschen, von dem jeder auf dieser Welt weiß, den aber sicher nicht ganz so viele wirklich kennen. Ein Bild des Papstes aus der Nähe eben, in Rom und unterwegs.

Michael Mandlik

Zwei Bayern in Rom

Wahrscheinlich bin ich ein „Fortunato", also einer, der sich glücklich schätzen kann, denn ich arbeite in Rom. Ein Italiener würde so was niemals sagen, ein Spanier auch nicht und auch ein Franzose nicht. Also niemand aus dem romanischen Sprachraum, denn da ist man ein Fortunato, oder man ist keiner. Ich sage „wahrscheinlich", wahrscheinlich weil ich aus Deutschland bin. Auch ich habe die Erfahrung gemacht, dass es da glaubwürdiger wirkt, immer erst mal alles in Frage zu stellen – selbst die Selbst-Einschätzung, ob man sich so vorbehaltlos als Fortunato bezeichnen darf. Ansonsten läuft man schnell Gefahr, als unkritisch, wenn nicht gar als naiv eingestuft zu werden. Dass Deutsche in dieser Beziehung komplett anders ticken als, sagen wir mal, Südeuropäer, das habe ich in Italien oft genug beobachten und auch erleben können.

Außerdem habe ich erfahren, dass es bei Telefonaten nach Deutschland selten gut ankommt, wenn man bei der obligatorischen Begrüßungsfrage: „Wie ist das Wetter bei euch in Rom?" mit „strahlend blauer Himmel" oder „herrlicher Sonnenschein" antwortet. Ich habe mir diese Rücksichtslosigkeit abgewöhnt und mir die unverbindliche Standard-Antwort „Geht so" antrainiert, was dann die Stimmungslage vieler meiner Gesprächspartner im wahrscheinlich wieder mal trüben Deutschland erfahrungsgemäß erheblich aufhellt.

Einigen wir uns also darauf, dass ich mich als Fortunato „fühle". „Gefühlt" kommt ja irgendwie besser, legt mich nicht fest und hält mir argumentativ den Rücken frei, sollte es mir irgendwann vielleicht mal schlechter gehen. Denn dann kann ich ja immer noch sagen: „Hätte ich's mir doch denken können …"

Mein tägliches Ambiente

Jedenfalls arbeite ich als ARD-Fernsehkorrespondent in Rom, und mein täglicher Weg zum Büro führt mich an den meist sonnigen Morgen (sorry) über den schönsten Platz der Welt. Früh am Morgen ist die Piazza San Pietro in der Regel noch verwaist, und dann über den von Gian Lorenzo Berninis Kolonnaden so großartig eingerahmten Platz zu schlendern, das ist für mich jedes Mal ein erhebendes Gefühl. Es sind die gezählten Minuten friedlicher Einsamkeit, wenn sich nur wenige Menschen über den Platz bewegen, meist Prälaten oder Schwestern mit unter den Arm geklemmten Aktenkoffern auf dem Weg in ihre vatikanischen Büros. Die haben es immer eilig, Gott weiß warum. Sie huschen durch die Säulenreihen der Kolonnaden, vorbei am Carabiniere mit der lässig umgehängten Maschinenpistole, dann durch die Porta Sant'Uffizio, militärisch vorbildlich begrüßt durch die immer freundlichen Schweizergardisten. Und weg sind sie.

Eine Mini-Straßenkehrmaschine dreht noch ihre letzten Runden am Obelisken, während die Andenkenverkäufer am Eingang zur Piazza ihre Bauchläden mit den berüchtigten Souvenirarsenalen aufmunitionieren. Denn die Invasion steht unmittelbar bevor.

Auf Höhe des Obelisken stehend, kann man sie dann auch recht gut beobachten, die ersten „Angriffswellen". Sie erfolgen mit jeder Ampelschaltung an der Piazza Pia nahe der Engelsburg und ergießen sich dann in die Zielgerade zum Vatikan, in die Via della Conciliazione. Eine gewaltige Blechlawine, eine Armada von Reisebussen bricht sich dann unaufhaltsam Bahn, und im Gegenlicht der meist milden Morgensonne erscheinen die beträchtlichen Abgaswolken, die sie ausstoßen, manchmal schon wie Special Effects, kreiert von Cinecittà, den römischen Filmstudios. Eine Art „Hollywood-Feeling" vermitteln inzwischen auch die zweistöckigen Busse selbst. Sie sind hier vorzugsweise in der Cabrio-Version anzutreffen, also mit oben unüberdachten Sitzplätzen und Menschen darauf, die ihre Videokameras vor sich her tragen wie der Priester das Evangelium beim Einzug in die Messe.

Das ist aber nur der Beginn des Schauspiels. Von nun an gibt es viele Varianten. Eine typische und eine – sagen wir mal – nicht alltägliche, die ich beobachten konnte, darf ich Ihnen schildern. Variante eins: Ein Bus stoppt an der autorisierten Haltestelle auf Höhe des Vatikanischen Pressesaals. Mit dem Öffnen der Bustüren springt eine sichtlich entschlossene Reiseleiterin auf den Gehsteig, bewaffnet mit einem auffällig bunten Regenschirm – in Wahrheit ihr Marschallstab –, und kommandiert ihre Schützlinge einem Fallschirmjägerkommando gleich aus dem Bus. Nur Sekunden später: Der bunte Regenschirm – entschlossen gen Himmel gereckt – signalisiert gleichzeitig Angriffspitze und Truppenzugehörigkeit. Wie leicht kann man sich im darauf folgenden Getümmel aus den Augen verlieren! Der Trupp bewegt sich in Traubenform und mit großer Eile auf den Petersplatz und von dort zur polizeilichen Eingangskontrolle. Es hat sich ja längst herumgesprochen: Wer den Petersdom besichtigen möchte, ohne sich mitunter stundenlang in Warteschlangen einreihen zu wollen, der muss einfach früh dran sein. Von daher hat es die Reiseleiterin schon richtig gemacht.

Variante zwei sah so aus: Die Bustüren öffnen sich, und – sekundenlang passiert erst mal gar nichts. Dann erscheint aus dem Dunkel des Busses ein verunsichertes Gesicht – ein sehr beleibter Mann mit bunten Hosenträgern und bereits beträchtlich verschwitztem Hemd hangelt sich auf den Gehsteig. Man sieht es ihm sofort an – ihm ist eigentlich jetzt schon alles zu viel. Seine kaum weniger umfangreiche Begleiterin stürzt beim Verlassen des Busses auf ihn, schafft es aber noch, den Aufprall mit der kunstledernen Fototasche abzufedern, die sie reflexartig hochreißt und damit auf den Kopf ihres Vorgängers schlägt. Spätestens da war dann wohl der Tag für die beiden gelaufen. Als sich der Rest der erkennbar nicht übermotivierten Reisegruppe aus dem Bus gequält hatte, da saßen die beiden denn auch schon im nur wenige Meter entfernten Café San Pietro, und ein flinker Kellner servierte der Dame einen – geschätzt – 500-Kalorien-Sahneeisbecher.

Ob die Gruppe es an diesem Vormittag dann doch noch in die Basilika geschafft hat, konnte ich nicht mehr mitverfolgen; häufig ist der Petersplatz ab 9 Uhr morgens schon so überfüllt, dass es schwerfällt, das Ende der manchmal mehrfach gewundenen Warteschlange auszumachen. Denn dazwischen tummeln sich schließlich auch noch jede Menge weiterer Rom-Touristen, organisiert etwa in Abiturfahrt-Schülergruppen („Hey,mach'ma'nfoto!"), amerikanische Weltreisende („Wow, look, the Colosseum!"), unverdrossen singende Fanchöre („Be-ne-detto!!") oder das internationale Heer ambitionierter Hobbyfotografen auf der Suche nach dem noch unentdeckten, außergewöhnlichen Petersplatz-Motiv. Die Piazza San Pietro in ihrer Weitläufigkeit, mit der nunmehr 500 Jahre alten Basilika und ihrer riesigen Fassade, dem Apostolischen Palast, den mächtigen Säulengängen, dem zentral verankerten Obelisken und den wahrhaft zahllosen unterschiedlichen Ansichten und Blickwinkeln – sie ist in der Ewigen Stadt Rom ein Universum für sich. Und irgendwie auch mein Universum, denn der Vatikan ist mein Berichtsgebiet, das kleinste Land der Welt, jedoch mit einer Themenvielfalt, die tatsächlich den gesamten Globus umspannt.

Der Weg des Kardinals

Wer der Betrachtung aber in einem ruhigeren Ambiente den Vorzug geben möchte, der sollte eben besser ganz früh am Morgen da sein. Außerdem ergeben sich vor allem dann mitunter die Gelegenheiten zur Begegnung mit den ganz Großen im Vatikan. Es ist ja noch nicht allzu lange her, da konnte man jeden Tag und immer auf die Minute genau auf dem Petersplatz jenen Geistlichen treffen, der heute das Oberhaupt der katholischen Weltkirche ist. Sein Weg führte ihn von seiner Wohnung an der Piazza della Città Leonina quer über den Petersplatz zum Palazzo del Sant'Uffizio. Als Präfekt der Glaubenskongregation hatte Joseph Kardinal Ratzinger dort sein Büro. Also ging er jeden Tag zu Fuß dorthin – durch die Kolonnaden, an der Petersbasilika vorbei, wieder durch die Kolonnaden, in priesterliches Schwarz gekleidet, die Aktentasche unter den Arm geklemmt. Er bewegte sich so unauffällig, dass ihn wirklich nur die wenigsten erkannten. Außer jenen, die ihm, manchmal mehr oder weniger zudringlich, schon beim Verlassen seiner Wohnung an der Haustür auflauerten. Da war dann alles dabei, von Autogrammwünschen über vermeintlich dringende Informationen bis hin zu ernsthaften Anliegen oder auch Bitten, die sich Joseph Ratzinger stets mit einer Engelsgeduld anhörte und notierte. Dabei konnte es vorkommen, dass der Kardinal wegen der Fülle solcher informeller Anfragen – vor allem im Vorfeld liturgischer Feiern oder anderer wichtiger Termine – noch vor seiner Haustür plötzlich in echte Zeitnot geriet. In solchen Fällen trat dann Plan B in Kraft: Sein langjähriger persönlicher Sekretär Josef Clemens – im Vatikan auch als überaus begnadeter Autochauffeur bekannt – rauschte durchaus sportiv mit einem dunklen VW Golf (der später noch große Berühmtheit erlangen sollte) heran. In einer einzigartigen Mischung, die man zwischen Conferencier und

Bodyguard ansiedeln könnte, schaffte es Clemens jedes Mal, mit einem sehr freundlichen wie bestimmenden „Grüß Gott" dazwischenzugehen, den Chef blitzschnell auf den Beifahrersitz zu bugsieren, selbst ans Steuer zu springen und gleich darauf einen vollendeten Blitzstart hinzulegen. Den verdutzten Menschen, die den Kardinal noch Sekunden zuvor in sicherem Zugriff gewähnt hatten, standen dann meist die polizeilichen Wachposten an der Ecke der Piazza della Città Leonina gegenüber – gewohnt lässig und breit grinsend; sie kannten längst dieses Schauspiel und die motorsportliche Begabung des deutschen Sekretärs.

Die erste Begegnung

Meiner ersten Begegnung mit Joseph Kardinal Ratzinger kam eine andere, recht skurrile, zuvor. Ich arbeitete erst wenige Wochen als Korrespondent in Rom, zuständig für die Berichterstattung aus Italien, Griechenland, Malta und dem Vatikan, und alles war noch recht neu für mich. Als ich an einem Dezembermorgen gerade das ARD-Studio in der Via delle Fornaci auf dem Weg zum nahe gelegenen Briefkasten verlassen hatte, da rauschte auf der Straße ein dunkler Mercedes heran, mit Münchner Kennzeichen und einer merkwürdigen Fracht auf dem Dachgepäckträger. Es waren festgezurrte Tannenbäume. Der Wagen hielt vor meiner Nase, ein kleiner Mann mit dunklem Anzug sprang heraus und starrte mich dann auch sogleich durch seine dicken Brillengläser an, ganz so, als sei ich die Erscheinung und nicht er. „Grüß Gott", sagte ich mit Blick auf das Kennzeichen. Er aber deutete sogleich auf die Bäume und sagte nur: „Die sind für'n Kardinal ...“ Dann öffnete er die Hecktüre, zerrte eine prall gefüllte weiße Plastiktüte mit mindestens drei Adventskränzen samt Kerzen heraus und hielt sie mir entgegen. „Und die“, sagte er dann mit einem triumphierenden Grinsen, „die da sind für euch ...“ Von da an wusste ich von den langjährigen Aktionen des Münchner Bankdirektors Thaddäus Kühnel, jeweils zu Ostern und zu Weihnachten die Bayern in Rom und im Vatikan – und da im besonderen Kardinal Ratzinger – mit Festschmuck oder -grüßen zu beglücken. Ratzinger wiederum kannte Kühnel, weil der sich ihm bei seinen gelegentlichen Besuchen in Bayern quasi als Privatchauffeur angeboten und ihn über viele Straßenkilometer geleitet hatte – ehrenamtlich, versteht sich.

Am selben Abend, nach etlichen Glas Wein und dem für Bayern in der Ferne obligatorischen „Du“, fragte mich Kühnel schließlich eher beiläufig: „Möchst'n kennenlernen?“ „Wen?“, fragte ich noch ziemlich begriffsstutzig. Klar wollte ich, und schon am nächsten Tag saß ich ihm in seiner Privatwohnung gegenüber. Ich erinnere mich, dass ich wirklich sehr aufgeregt war, denn auch schon in den 90er Jahren war ein Kardinal Ratzinger – jedenfalls für einen katholischen Bayern – ja schon fast so etwas wie der Papst selbst.

Ich weiß noch, dass mich zuerst das Ambiente in seiner Wohnung, das ich zu sehen bekam, faszinierte, aber auch irritierte. Für einen Kardinal, und noch dazu in einer doch so herausgehobenen kirchlichen Position, lebte Joseph Ratzinger ausgesprochen bescheiden. An Möbeln schien mir nur das Nötigste da zu sein. Kein barocker Pomp, im Gegenteil. Alles erschien ausgewählt nüchtern und funktional. Andererseits traten vielleicht auch deshalb die wenigen, aber exquisiten Kunstwerke – Bilder, Darstellungen und Skulpturen von Jesus Christus, der Gottesmutter Maria wie von einigen weiteren Heiligen – umso deutlicher hervor. Und natürlich gab es Bücher, sehr viele Bücher, in Regalen. Auch einen akkurat aufgeräumten Schreibtisch, mit einem exakt konstruierten Stapel Bücher darauf. Diese Wohnung wird von zwei Dingen beseelt, dachte ich mir damals, von Gebet und Arbeit. Ganz offensichtlich nahm sich der Kardinal von Letzterem immer noch genügend aus seinem eigentlichen Büro im Gebäude der Glaubenskongregation mit nach Hause.

Dann stand da aber auch noch dieses Klavier.

Joseph Ratzinger und die Musik – und ich

Damals wusste ich noch nicht, dass Joseph Ratzinger ein begeisterter Pianist ist – wie überhaupt ein exzellenter Kenner der klassischen Musik, mit einer besonderen Vorliebe für die Kompositionen Wolfgang Amadeus Mozarts. Sein Bruder Georg war – zumindest zum damaligen Zeitpunkt – wesentlich bekannter für seine musikalische Begabung. Mit seiner Karriere als Domkapellmeister in Regensburg, und da im Besonderen als Leiter der Regensburger Domspatzen, hatte Georg es zu Weltruhm gebracht. Papst Johannes Paul II. hatte den älteren der beiden Ratzinger-Brüder in Ehrung seiner musischen Leistungen und seines Lebenswerkes schließlich sogar zum Apostolischen Protonotar ernannt, die höchstmögliche kirchliche Auszeichnung für einen Prälaten.

Für Joseph Ratzinger jedenfalls war das Klavierspielen immer schon etwas gewesen, das er als Ausgleich und zur Entspannung von der Büroarbeit gepflegt hatte, die ideale Kombination von Inspiration, Harmonie und Disziplin – eine Lebenshaltung und auch Begabung, die in den Augen des Theologen Ratzinger etwas Göttliches in sich birgt, nämlich die durchaus tröstliche Erkenntnis des gottgewollten Schönen, Wahren und Guten. Von daher ist auch Benedikt XVI. nicht nur ein zutiefst musisch denkender Mensch. Auch sein Handeln scheint einem harmonischen Konstrukt zu folgen, das sich vom ersten Tag seines Pontifikats an als sehr klar gegliedert und gleichzeitig „wohltemperiert" zeigt. Doch ich will nicht vorgreifen.

Jedenfalls hoffe und glaube ich, dass Joseph Kardinal Ratzinger es mir nachgesehen hat, dass ich damals – bei unserer ersten Begegnung – wohl ziemlich uninteressanten Stuss geredet habe, und davon auch noch zu viel, gemessen an der Tatsache, dass Joseph Ratzinger auch schon als Kardinal einen stets übervollen Terminkalender hatte. Vor allem war mir in meiner Aufregung und mit Blick auf das Piano irgendwie nichts Besseres eingefallen, als ihm von meinen Klavier-Übungsstunden am Freisinger Camerloher Gymnasium zu erzählen, einem musischen Gymnasium, das immer schon echte Talente, ja musische Koryphäen hervorgebracht hat, Leute, die später Musik studierten und/oder am Münchner Konservatorium Karriere machten. Zu denen hatte ich aber definitiv nie gezählt. Nicht, weil ich unbegabt gewesen wäre. Ich möchte mich sogar auch als sehr musischen Menschen bezeichnen. Zum erfolgreichen Klavierlernen und -spielen gehört aber noch etwas sehr Wichtiges: Fleiß, Fleiß und nochmals Fleiß. Was das betrifft, gehörte ich als Schüler – zumindest zeitweise – eher zu denen, die ihr Klavier am meisten liebten, wenn sie nach den Übungsstunden den Tastendeckel endlich wieder schließen konnten. Schließlich aber war ich fertig mit diesem Teil meiner Geschichte.

Joseph Kardinal Ratzinger, der mir gegenüber gesessen und die ganze Zeit geduldig wie aufmerksam zugehört hatte, saß einige Momente da – mit einem sehr feinen Lächeln – und zwinkerte mir schließlich sogar richtig vergnügt zu. Dann stellte er mir noch zwei, drei Fragen – zu meiner Arbeit und vor allem zu meinen persönlichen Vorstellungen über meine Zeit als Rom-Korrespondent. Ob ich mir da etwas Besonderes vorgenommen hätte? Ich weiß noch, dass mich diese Frage überraschte. Sie traf mich unvorbereitet, denn tatsächlich hatte ich mir in der bis dahin kurzen Zeit meines Rom-Aufenthaltes diese Frage zumindest nicht explizit gestellt. Im täglichen aktuellen Mediengeschäft, immer schnell, immer hektisch, ist man ja dauerhaft mit Kurzzeitthemen beschäftigt, die von jetzt auf gleich daherkommen: Mal ist es der Sturz der Regierung, dann der Vulkanausbruch, der Mafiamord, die Ausschreitungen beim Fußballspiel, der 100-Millionen-Lottogewinn, die Bestechungsaffäre, giftige Müllhalden in Neapel, die sommerlichen Brandstiftungen in Griechenland, der Erdrutsch im Aostatal, und, und, und … Dies hatte mich von Anfang an vereinnahmt – es waren häufig tatsächlich sehr dramatische, spannende oder aufregende Themen, aber eben die Themen des jeweiligen Tages. Gewissermaßen ist das die Geschäftsgrundlage des Aktuellen. Was gestern war, interessiert niemanden mehr, heute dagegen ist heute, und alle verfügbaren Energien und Ressourcen werden gebündelt, um pünktlich zu ARD-Morgenmagazin, -Mittagsmagazin, Tagesschau, Tagesthemen, Nachtmagazin, den diversen Nachrichtensendungen der Dritten Programme sowie Phönix und Arte immer topaktuell Beiträge zu erstellen oder/und live Fragen zu beantworten. Selbstverständlich gibt es auch die sogenannten Wochenplanungen, in denen Themenvorschläge gesammelt und danach Gerüste an vorausschaubaren Terminen und Ereignissen erstellt werden. Dennoch sind diese Planungen aber, je nach aktueller Sachlage, mitunter täglichen Änderungen unterworfen, um sie den Erfordernissen der aktuellen Berichterstattung anzupassen. Letztlich zählen immer nur aktuell der Tag und die Stunde, zu der gesendet wird.

So erklärte ich Kardinal Ratzinger schließlich, dass die „Nachhaltigkeit“ meines Tuns wohl in der Herausforderung liegt, als Rom-Korrespondent für die renommierte ARD zu arbeiten mit der großen Verantwortung, den journalistisch sehr hoch gesteckten Qualitätsansprüchen mindestens zu genügen; eine Aufgabe, der man sich Tag für Tag aufs Neue stellen müsse. „Das erscheint durchaus einleuchtend“, sagte der Kardinal, „schließlich ergibt sich so dann aus vielen kleinen Mosaikbausteinen eines Tages das Gesamtbild dessen, was man erreichen konnte oder wollte.“

Danach bedankte sich Kardinal Ratzinger für den Besuch, er wünschte mir für meine Arbeit Erfolg und Gottes Segen und verabschiedete mich mit dem ermunternden Hinweis, dass man sich hier in Rom über kurz oder lang sicher wieder begegnen werde. Lächelnd reichte er mir die Hand, und leise fiel die schwere Wohnungstür ins Schloss.

Campo Santo Teutonico

Einmal in der Woche, regelmäßig donnerstags, steuerte Joseph Kardinal Ratzinger morgens nicht direkt sein Büro in der Glaubenskongregation an. An diesen Tagen hielt er sich die Zeit zwischen 7 und 8 Uhr frei, um in der ehrwürdigen Kirche „Santa Maria della Pietà“ des Campo Santo Teutonico, unmittelbar südlich des Petersdoms, die Frühmesse zu zelebrieren. Dieses Areal, das einmal das Zirkusgelände das Kaisers Nero gewesen war und damit ein Märtyrerort zahlreicher Christen der Antike, ist seit dem Mittelalter ein Friedhof für Pilger deutscher Sprache. Da, wo ursprünglich wohl auch die römische Residenz Kaiser Karls des Großen stand, ist heute unter anderem das römische Institut der Görres-Gesellschaft zu finden samt einer umfangreichen Bibliothek wie auch ein Studienseminar für Stipendiaten und Doktoranden. Es ist zugleich der Sitz der sogenannten „Erzbruderschaft zur Schmerzhaften Muttergottes“, einer ausschließlich karitativen Gemeinschaft. Und dieser Erzbruderschaft gehört Kardinal Ratzinger respektive Papst Benedikt XVI. als ordentliches Mitglied an. Denn er selbst hatte unmittelbar nach seiner Berufung nach Rom durch Papst Johannes Paul II. die ersten Monate in der Ewigen Stadt in einem der Gästezimmer des Instituts im Campo Santo Teutonico gewohnt.

Was heute, bedingt durch das päpstliche Amt, aus Zeitgründen nicht mehr möglich ist, war bis zum April des Jahres 2005 im Campo Santo Teutonico feste Gottesdienstordnung. Dies hatte sich auch längst bei den deutschsprachigen Rom-Pilgern herumgesprochen. Donnerstags, um sieben Uhr zur Frühmesse, war die Kirche S. Maria della Pietà bis auf den letzten Sitzplatz gefüllt. Nicht selten standen die Gläubigen aus Platzmangel auch draußen auf dem Friedhofsgelände, um von dort den Predigten Ratzingers und der Liturgie im Innern des Gotteshauses folgen zu können. Die Popularität des Kardinals hat hier schon früh erste römische Höhepunkte erlebt.

Das erste Fernseh-Projekt

Bald schon nach meiner ersten Begegnung mit Kardinal Ratzinger sollte ich Gelegenheit zu einem journalistischen Projekt mit dem Präfekten der Glaubenskongregation bekommen. Das Bayerische Fernsehen produzierte (und produziert) in regelmäßigen Abständen sogenannte „Meditationen“. Dabei nehmen sich namhafte Geistliche – meist im Umfeld kirchlicher Feiertage – eines theologischen Themas an und bereiten dieses für interessierte Fernsehzuschauer inhaltlich auf. Die Fernsehdirektion des Bayerischen Rundfunks hatte damals – es war im Jahr 1996 – eine Anfrage an Kardinal Ratzinger gestellt. Redaktionell angedacht war eine Sendung zu Allerheiligen, eine insgesamt 15-minütige Meditation über die theologische Bedeutung dieses hohen kirchlichen Feiertages für die Christenheit. Man wusste aber auch, dass die Chancen sehr gering waren, den hochbeschäftigten und gleichzeitig den Medien gegenüber eher reservierten Kurienkardinal Ratzinger für ein solches Exklusiv-Projekt zu gewinnen. Jedenfalls war es zuvor nur äußerst selten gelungen.

Zwei „Trümpfe“ gab es allerdings, die dazu führten, dass der Kardinal schließlich doch einwilligte. Zum einen die Intervention eines niederbayerischen Mitarbeiters der Fernsehdirektion, der schon seit Jahrzehnten einen außergewöhnlich „guten Draht“

zum Kardinal hatte, und schließlich die Unterstützung dieses Projekts durch Josef Clemens, den schon erwähnten langjährigen Privatsekretär Ratzingers. Der agile Prälat war seit damals für uns ein immer erreichbarer Ansprechpartner und auch Berater gewesen, wenn wir, wie dann später immer häufiger, Kardinal Ratzinger unsere journalistischen Ideen vortragen wollten. Clemens stand zu jenem Zeitpunkt schon knapp 20 Jahre im römischen Sekretärsdienst, das heißt, er kannte alles und jeden im Vatikan, wusste von den Problemen ebenso wie von den Möglichkeiten im Umgang mit Ämtern und Behörden im Kirchenstaat – und damit auch, wie man Vorgänge erfolgreich ein- und zu Ende bringt.

Denn man muss wissen, dass man nicht so ohne Weiteres einen Kurienkardinal im Vatikan anrufen kann mit der Bitte um ein Interview. Davor hat die Verwaltung des Vatikanstaats einen Behördenapparat installiert, der zuständig ist für die Bearbeitung sämtlicher Anfragen journalistischer Art, die an den Vatikan gerichtet werden. Egal, ob man den Papst selbst, einen Kardinal oder Prälaten im Vatikandienst interviewen oder die Soldaten der Päpstlichen Schweizergarde filmen möchte oder auch nur die Verwaltungsangestellten beim Stühle-Aufstellen auf dem Petersplatz: Am „Pontificio Consiglio delle Comunicazioni Sociali" führt kein Weg vorbei. Je nach aktueller Lage, das heißt Dichte der Anträge von Medien aus aller Welt, konnte und kann man sich da immer noch sehr schnell ein kurzes und gleichzeitig definitives „No" einhandeln. Und dort etwa noch hinterherzudiskutieren, war immer schon zwecklos. Allerdings muss man den Angestellten des Medienrates zugutehalten, dass bei dieser Behörde heute tatsächlich „waschkörbeweise" Anträge aus der ganzen Welt zu Drehvorhaben im Vatikan eingehen.

Mitte der 90er Jahre aber war dies noch anders, denn im Vergleich zu heute pflegte man im Vatikan eine eher verhaltene, um nicht zu sagen defensive Medienpolitik. Papst Johannes Paul II. war schon schwer krank, und unvergleichlich häufig wurden nun, angesichts des sich sichtbar verschlechternden Gesundheitszustandes des katholischen Kirchenoberhaupts, öffentlich kritisch-theologische Grundsatz-Diskussionen geführt. So wurde etwa die Frage nach dem „Sinn" des päpstlichen Primats gerne transportiert und auch vermengt mit den immer und immer wieder neu formulierten journalistischen Gedankenspielen einer doch zumindest theoretischen Möglichkeit: Der Papst kann doch zurücktreten! Ganz abgesehen von mancherorts ziemlich offensiv geführten (man darf auch sagen: pietätlosen) Spekulationen, die den Papst schon so gut wie tot und vermeintliche, namentlich aufgeführte Nachfolger verlässlich („... wie von gewöhnlich gut informierten Kreisen aus dem Vatikan zu erfahren war ...") als Favoriten für das Papstamt sahen – oder sehen wollten. Über den Tod eines noch lebenden Papstes zu sprechen, das aber ist im Vatikan – zumindest im Behördenapparat mit Kontakten nach „draußen" – absolutes Tabu.

Je zahlreicher also diese und ähnliche Anfragen an den Vatikan gingen, umso zurückhaltender gerierte sich der vatikanische Medienapparat. Und in dieser Zeit auch noch die Genehmigung zu erteilen für ein journalistisches Projekt mit einem hochrangigen Geistlichen, der zudem als einer der wichtigsten Kardinäle vergleichsweise häufig ins öffentliche Kreuzfeuer gezerrt wurde, das erschien den Verantwortlichen im Medienrat anscheinend doch sehr bedenklich.

Vorauszusetzen ist ohnehin: Anders als etwa in der tagesaktuellen Politik ist es in der katholischen Kirche auch für einen hochrangigen Würdenträger überhaupt kein Muss, auf eine journalistische Anfrage zu reagieren. Ein Kardinal muss nichts müssen, außer den Weisungen des Papstes zu folgen und der Weltkirche zu dienen (auch als Beteiligter im Konklave). Am Tag eines Konsistoriums, also der Erhebung etwa eines Bischofs in den Kardinalsrang, steht in der vom Papst überreichten Ernennungsurkunde nichts PR-Vertragliches drin. Eine Ausgangssituation, auf die Berufspolitiker sicherlich mit neiderfüllten Augen blicken: kein Zwang, vor möglichst vielen Mikrofonen zu erscheinen, kein Hetzen von Talkshow zu Talkshow, keine Panikattacken vor dem nächsten Beliebtheitsranking, keine „Ochsentour" und kein medienwirksames Klinkenputzen zur nächsten Kreis-, Bezirks-, Landtags- oder Bundestagswahl, ja – gerade dies vor allem: keine Wahlen!

Das Ganze hat aber schon deshalb seinen Sinn, weil die Geistlichen sich zur Wahrheit verpflichtet haben und auch dazu, diese jederzeit zu verkünden. Insofern laufen sie niemals Gefahr bzw. unterliegen nicht dem Zwang, diese Wahrheit in wechselnden Wahlprogrammen modifizieren zu müssen oder einem durch Demoskopien ermittelten Trend der Zeit anzupassen, nur um selbst wiedergewählt zu werden. Das wäre dann tatsächlich unglaubwürdig.

Der Sekretär

Um den Präfekten der Glaubenskongregation in jenen Tagen vor die Kamera zu bekommen, musste man als Journalist also nicht nur sehr gute und überzeugende Argumente anführen. Man musste vor allem mit Kardinal Ratzingers Sekretär Josef Clemens reden. Für jeden Korrespondenten mit ausreichender „Systemkenntnis", also dem Wissen darüber, was im Vatikan üblicherweise journalistisch Aussicht auf Erfolg hat und was nicht, war Clemens oft genug der rettende Anker. Zweifelsohne wäre es für ihn viel einfacher und auch weniger arbeitsintensiv gewesen, die über den vatikanischen Medienrat vermittelten Dreh-Anfragen allesamt abzublocken. Vergleichbar Verantwortliche in anderen Behörden der Kurie taten dies schließlich auch. Clemens aber schaffte es, sofern er von einer Projektidee überzeugt war, zwischen seinem Chef und der vatikanischen Medienbehörde zu vermitteln, bei der gegebenen notorischen Zeitknappheit mit dem Kardinal die Änderungen des ursprünglichen Terminplans sowie die inhaltliche Vorbereitung zu besprechen, die Dreh-Termine zu koordinieren wie auch für die nötige Logistik (Transport, innerkirchliche Genehmigungsverfahren, Sicherheit etc.) zu sorgen. Das medienfreundliche Organisationstalent des promovierten Theologen Clemens nötigte selbst unseren langjährigen und „sturmerprobten" römischen Studio-Producern großen Respekt ab. Denn derlei Dinge im bürokratieverliebten Italien wie auch im „italienischen" Vatikan und noch dazu unter Zeitdruck durchzusetzen und zu organisieren, dies ist eine Gabe, die in reichem Maße Talent wie Geduld erfordert – und vor allen Dingen Erfahrung, die man nur gewinnen kann, wenn man, wie Clemens, viele Jahre in Rom gelebt und gearbeitet hat.

Die Pforte zur Unterwelt

Jedenfalls gab mir die vatikanische Medienbehörde schon recht bald nach der ersten Dreh-Anfrage grünes Licht zur Produktion einer Meditation mit Joseph Kardinal Ratzinger. Ort der Aufnahmen sollte der Campo Santo Teutonico sein, dessen teils jahrhundertealte Grabanlagen recht idyllisch von dichter mediterraner Vegetation umrankt und durch eine hohe Mauer vom römischen Verkehrslärm abgeschirmt werden. Mit Kameramann Franco und Tonassistent Michele wollte ich im Vorfeld des „Hauptdrehs" mit Kardinal Ratzinger einige filmische Impressionen von der Friedhofsanlage aufnehmen. Zuvor mussten wir die Kontrollstelle der Päpstlichen Schweizergarde an der Piazza Sant'Uffizio und danach die der vatikanischen Gendarmerie passieren, denn der Campo Santo besitzt zwar den Sonderstatus der Exterritorialität, aber er befindet sich innerhalb des Vatikans. Um ihn zu betreten, muss man einige Stufen hinabsteigen, um sogleich über dicht aneinandergereihte Grabplatten zu gehen. Einem klassischen Kloster-Kreuzgang nicht unähnlich, kann man dann den zentralen Teil des Friedhofs umrunden, der in vier erhöhte Parzellen unterteilt ist, auf dem sich Erdgräber befinden. Zum Rand hin abgestützt wird dieser erhöhte Teil wiederum durch Grabsteine, die seitlich angebracht wurden. Sehr massive und sehr alte Grabsteine.

Franco, der Kameramann, steuerte sogleich diesen erhöhten Teil an, denn er suchte eine Position, von der aus man möglichst die gesamte Anlage überblicken konnte. Michele, der Tonassistent, folgte – begleitet wohl von einer dunklen Vorahnung – nur sehr zögerlich. Michele ist nämlich väterlicherseits Neapolitaner; das zeigt sich unter anderem daran, dass Michele sich immer sofort dreimal bekreuzigt, wenn auf der Straße ein Leichenwagen passiert und er entsetzt die Augen verdreht, wenn dann kein

Sarg darin ist – für Neapolitaner ein ganz böses Omen! Daraufhin sucht er hektisch irgendein Stück Metall, um es mit gestrecktem Zeigefinger und kleinem Finger zu berühren. Das leitet – wie ein Blitzableiter – das Unheil ab, sagt man in Neapel. Michele hat sich an diese Regeln immer gehalten, auch am Steuer unseres Teamfahrzeugs, was im römischen Stadtverkehr, aber auch auf Autobahnen im Fall des Falles für alle Insassen mitunter spannende Momente mit sich brachte. Und zu diesem neapolitanischen Verhaltenskodex, einem für Mitteleuropäer schwer verständlichen Mix aus Aberglauben, Metaphysik und Todesphobie, gehörte vor allen Dingen: Man betritt keine Friedhöfe, wenn es nicht unbedingt sein muss. Man betritt sie nicht. Basta.

Was dann passierte, konnte folglich also nur Michele passieren. Franco war, gebeugt über einem Erdgrab, mit dem Abfilmen einer Grabinschrift in Großaufnahme beschäftigt, während Michele – mittels Kopfhörer und Tonkabel mit der Kamera verbunden – zeitgleich dazu die sogenannte „Außen-Atmo“ aufzeichnete. Um einen größtmöglichen Sicherheitsabstand zum Grab zu gewährleisten, war Michele rücklings immer weiter und damit schon an den äußersten Rand der erhöhten Grabanlage zurückgewichen. Fatalerweise machte er aber einen weiteren, winzigen Schritt zurück. An die darauffolgende Szene kann ich mich noch sehr gut erinnern, auch weil sie mich in mehreren Alpträumen in den folgenden Nächten intensiv beschäftigt hatte.

Langsam, ganz langsam sackte der mächtige und zentnerschwere Grabstein, auf den Michele eben seinen Fuß gesetzt hatte, einige Zentimeter ab. Dann kippte – wie in Zeitlupe – der eben noch vertikal ruhende Stein aus der Verankerung nach vorn, stürzte hinab und knallte auf eine der darunterliegenden großen Grabplatten. Dabei zerbarst er in drei große und Dutzende kleinerer Stücke, die an meinen Beinen vorbeischlitterten, denn ich stand unmittelbar daneben, auf einer angrenzenden Grabplatte. Erstaunlicherweise hatte diese dem mächtigen Aufprall standgehalten, ansonsten wären wohl unmittelbar darauf mehrere Zentner zersplitterten Marmors in die darunterliegenden Grabkammern gestürzt. Beinahe mehr noch als der Aufprall des Grabsteines aber schüchterte uns jener unheimliche Donner ein, der sich nun direkt unter unseren Füßen breitmachte und scheinbar auch noch in die hintersten Winkel des unterirdischen Labyrinths von Katakomben, Grabstätten und Totenkammern kroch. Es dauerte lange, bis der Hall verstummt war. Dann aber war es still, man darf sagen: totenstill.

Michele starrte erst den zerborstenen Grabstein an und dann mich. Mit weit aufgerissenem Mund und fahlweißem Gesicht sah er so aus, als sei er selbst eben der nicht mehr verschlossenen, seitlichen Grabkammer entstiegen. Augenblicklich war ihm wohl bewusst geworden, dass ausgerechnet er an den Pforten zur Unterwelt gerüttelt hatte. Glücklicherweise hielt er die metallene Mikrofon-Angel immer noch in seinen Händen.

Dann öffnete sich eine Tür zum anliegenden Studienseminar des Campo Santo, ein hochgewachsener Mann mit dichtem weißem Haarwuchs erschien und steuerte sogleich forschen Schrittes auf mich zu. Es sollte meine erste Begegnung mit dem langjährigen Rektor des Campo Santo Teutonico, Professor Erwin Gatz, sein. „Oh Gott, steh mir bei", flehte ich im Stillen und rechnete in den kommenden Sekunden mit einer Mega-Standpauke sowie dem unmittelbar darauffolgenden hochkantigen Hinauswurf aus dem Campo Santo sowie aus dem Vatikan – wahrscheinlich für immer.

Professor Gatz blieb vor mir stehen und betrachtete sich den ganzen Schlamassel auf dem Boden. Dann blickte er mich an und fragte mit völlig ruhiger Stimme: „Sind Sie für so was versichert?" „Jj-ja", stammelte ich und wollte mich gerade wortreichst für das alles entschuldigen, doch er sagte nur: „Dann ist's ja gut. Der Friedhof hier ist eben schon sehr alt, auch da nagt der Zahn der Zeit dran. Machen Sie das Interview mit Kardinal Ratzinger?" „Kein Interview, eine Meditation", entgegnete ich und spürte, wie sich mein eben zugeschnürter Hals wieder entspannte. „Schön, schön", sagte der Rektor, „dann setzen Sie sich doch bitte umgehend mit mir in Verbindung, um die Versicherungsmodalitäten abzuklären. In der Zwischenzeit lasse ich das hier in Ordnung bringen." Er wandte sich zum Gehen, drehte sich aber noch einmal um und sagte: „... und bitte passen Sie künftig bei den Dreharbeiten hier ein bisschen besser auf, ja?"

Ich muss sagen, ich war baff und erleichtert und erstaunt zugleich. Mit einer derart souveränen Reaktion hatten weder ich noch Franco noch Michele gerechnet, der seine Mikrofonangel immer noch umklammert hielt. Gerettet war damit schließlich ja auch das Fernsehprojekt mit Kardinal Ratzinger, das nur Tage später hier auf dem Campo Santo Teutonico produziert werden sollte.

Das Wespennest

„Es wird trotzdem ziemlich knapp werden“, kündigte mir Prälat Josef Clemens tags darauf am Telefon an. „Seine Eminenz hat einen derart prall gefüllten Terminkalender, dass der Meditationstext erst kurz vor dem Drehtermin fertig werden wird. Außerdem wäre es gut, wenn man alle Aufnahmen in einem Durchgang erledigen könnte.“ „Wie viel Zeit haben wir denn?“, fragte ich zurück. „Wenn Sie alles in einer Stunde schaffen können, wäre es ideal“, entgegnete der Privatsekretär.

Eine Stunde! Für eine derartige Produktion im Außenbereich mit unterschiedlichen Aufnahmepositionen, die jeweils auch richtig ausgeleuchtet werden müssen, und etwa 15 Minuten fehlerfrei gesprochenem Text werden ansonsten und vernünftigerweise mehrere Stunden angesetzt. Ich war mehr als skeptisch. „Ich weiß nicht, ob das hinhaut“, sagte ich zu Clemens, „wir haben auf dem Friedhof auch keinen Teleprompter zur Verfügung, von dem der Kardinal seinen Text ablesen könnte.“ „Seine Eminenz braucht keinen Teleprompter“, entgegnete der Sekretär. „Aber wenn der Herr Kardinal den Text erst kurz vorher anfertigen kann, bedeutet das, dass er diesen drei bis vier DIN-A4-Seiten langen Text anschließend auch komplett auswendig sprechen können muss.“ „Ja, ich weiß“, sagte Josef Clemens, „aber Sie werden sehen, das klappt schon.“ Anschließend verabredeten wir den Zeitpunkt, zu dem wir uns zwei Tage später zu den Dreharbeiten mit Joseph Kardinal Ratzinger auf dem Campo Santo Teutonico treffen wollten.

Es war ein ziemlich kühler Nachmittag im Oktober, und als der dunkle VW Golf mit vatikanischem Nummernschild am Eingang des Friedhofs vorfuhr, da war ich mit meinem Kamerateam bereits seit Stunden mit Vorbereitungsarbeiten beschäftigt gewesen. Wir hatten vier unterschiedliche Standpunkte ausgewählt, an denen der Kardinal die einzelnen Textpassagen sprechen sollte, Stromkabel verlegt sowie ausreichend lichtstarke Scheinwerfer positioniert, dazu sogenannte Aufheller, um eine optimale Ausleuchtung der Standpunkte zu erreichen. Als Kardinal Ratzinger die Stufen am Eingang zum Friedhof hinabstieg, gefolgt von seinem Privatsekretär, sah er ziemlich gestresst aus. Man sah ihm irgendwie an, dass er für das hier eigentlich überhaupt keine Zeit hatte. Just in diesem Moment schob sich auch noch eine mächtige dunkle Wolke über den Vatikan, was das Areal rings um unsere so großartig ausgeleuchteten Kamerapositionen zusätzlich eintrübte. Auch der Mimik von Josef Clemens, der mir schon beim Aufeinanderzugehen offensichtlich irgendetwas Wichtiges signalisieren wollte, war deutlich abzulesen, dass die allgemeine Stimmung nicht zum Besten stand.

Der Kardinal reichte mir sowie den Kamerakollegen die Hand, blickte um sich und sagte dann aber mit einer wieder aufgehellten Miene: „Grüß Gott, wie ich sehe, ist hier ja schon alles bestens vorbereitet." Dann schaute er gen Himmel: „Jetzt muss nur noch auch das Wetter mitspielen ... Wo wollen wir beginnen?" „Dort", sagte ich und deutete auf eine der eingerichteten Positionen. Und schon schritt Kardinal Ratzinger voran. Auf dem Weg dorthin raunte mir Josef Clemens zu, dass der Kardinal seinen Text eben erst fertigstellen konnte. Dann blickte er auf seine Armbanduhr und nestelte an den Manuskriptseiten herum, die er aus einem Schnellhefter gezogen hatte. Dass Clemens nervös war, das machte mich nun wirklich auch nervös. „Augen zu und durch", dachte ich mir.

Eigentlich hatte ich unter diesen Umständen damit gerechnet, dass Kardinal Ratzinger seinen Text dann eben komplett vom Manuskript ablesen würde. Was blieb ihm anderes übrig? Sieht nur leider nicht so fernsehgerecht aus, denn anders als bei der Verwendung eines Teleprompters, bei dem man den Text bequem ablesen kann und dennoch in die Kamera blickt, muss man so mehrheitlich aufs eigene Manuskript schauen. Doch ich sollte mich täuschen.

Als wir mit dem Aufzeichnen der Meditation begannen, hielt Kardinal Ratzinger den getippten Text zwar in seinen Händen, aber er blickte unentwegt in die Kamera und zitierte seinen eben erst fertiggestellten Text nahezu komplett auswendig, druckreif, wie man so sagt. Ich selbst hielt während des Vortrags eine Kopie des Textes in Händen, um bei eventuellen Versprechern Signal zu geben. Ich musste aber nie intervenieren. Denn Ratzinger rezitierte nicht nur, er meditierte im wahrsten Sinne des Wortes. Immer wieder ergänzte er seinen Text durch inhaltliche Einfügungen, die in diesem Moment improvisiert sein mussten, aber nie so wirkten. Wenn man den Kardinal betrachtete, dann wurde einem klar, dass er in diesem Moment mit und in diesem Text lebte. Den Blick stets auf einen imaginären Punkt in der Ferne fixiert, war er dabei, sein schriftlich vorbereitetes Gedankengerüst nunmehr weiterzuentwickeln, auszubauen und schließlich zu vervollständigen. Was dabei herauskam, war ein ganz wunderbarer Text, der bald darauf auch in einem der zahlreichen Bücher des Autors Joseph Ratzinger („Bilder der Hoffnung“, später aufgegangen in „Gottes Glanz in unserer Zeit“) unter dem Titel „Zu Füßen des Petersdomes“ veröffentlicht wurde.

So liefen die Fernsehaufzeichnungen auf dem Campo Santo dank der perfekten Rhetorik wie auch der Vortragstechnik des Kardinals an der ersten wie auch an der zweiten Aufnahmeposition wie am Schnürchen. Wir lagen nach 30 Minuten bestens in der Zeit, und auch der Himmel hatte sich inzwischen wieder aufgehellt, als wir schließlich mit den Aufnahmen am dritten Standpunkt begannen. Wohlweislich hatten wir keine der erhöhten Positionen an den Erdgräbern vorgesehen, sondern immer nur „unten“, wenngleich nahe an den Stützmauern. So fuhr der Kardinal fort mit seinen Gedanken zu Allerheiligen und zu diesem Friedhof, und seine schwarze Soutane kontrastierte optisch effektvoll mit dem Grün der Palmblätter im Hintergrund, mit dem Blau des Himmels und dem Grau der Steinmauer neben ihm.

Als ich genauer hinsah, traute ich meinen Augen nicht: Genau da, wo der Saum des Gewandes leicht die Mauer aus Natursteinen streifte, genau da war ein Loch in der Größe einer 500-Lire-Münze. Ein Loch, das merkwürdig lebhaft erschien. Ganz sicher waren es die Strahlen unserer frühzeitig positionierten Scheinwerfer gewesen, die die gemauerten Steine seit geraumer Zeit erwärmt und dem Wespenvolk dahinter fälschlicherweise wohl „Sommer“ signalisiert hatten. Jedenfalls schwärmten etliche dieser Insekten just in diesem Moment aus. Zwei oder drei dieser Sorte, die wahrlich nicht zu den kleinsten gehörte, waren dabei auf der nahen Soutane gelandet und krabbelten nun gemächlich, aber beständig nach oben. Ich erinnere mich sehr genau, dass mir in diesem Moment das Foto eingefallen ist, das ich einmal in einer medizinischen Fachzeitschrift gesehen hatte. Es zeigte das Gesicht eines Feuerwehrmannes, der beim Versuch, ein Wespennest zu entfernen, wohl irgendwas falsch gemacht haben musste. Zum Beispiel war er ohne Gesichtsschutz zu Werke gegangen. Also, es war nun nicht mehr direkt ein Gesicht, das da abgebildet war.

Mit diesem Schreckensbild vor Augen wollte ich eben – doch ein wenig panisch – vortreten, den Kardinal in seiner Meditation unterbrechen und ihn vom Wespennest wegziehen. Aber Joseph Ratzinger, dem auch nicht entgangen war, was da um ihn herum summte, blieb ganz ruhig stehen und sprach einfach weiter. Über die Macht Christi, des Auferstandenen, der den Tod besiegt, über die Gemeinschaft der Heiligen, die einen auch im Tod nicht verlässt, und über den Friedhof, der geschmückt von „Zeichen der Liebe und der Verbundenheit“ „wie ein Garten“ ist, „ein kleines Paradies des Friedens in einer friedlosen Welt und so ein Zeichen des neuen Lebens“.

Als der Kardinal schließlich geendet hatte, blickte er auch sogleich zu seinen Füßen, wo das Gros der „Herbstschwärmer“, ernüchtert von der kühlen Oktoberluft, gerade dabei war, sich wieder in das Winterquartier zu verkrümeln. „Tsss“, wunderte sich der Kardinal, „Wespen, so spät im Herbst ...“ Zur Sicherheit, und weil wir zeitlich immer noch gut Luft hatten, drehten wir diese Sequenz gleich im Anschluss aber noch einmal, diesmal ohne Wespen. Denn auch den Fernsehzuschauern wäre eine Meditation an Allerheiligen mit einem von Wespen umschwärmten Kardinal Ratzinger sicherlich merkwürdig vorgekommen.

Das schwitzende Christkind

Überhaupt erschien es immer sinnvoll, entsprechende Meditationen zeitnah zu den entsprechenden Höhepunkten des Kirchenjahres zu produzieren. So hatte ich nach der Allerheiligen-Meditation noch mehrere Gelegenheiten, mit dem damaligen Präfekten der Glaubenskongregation entsprechende Sendungen für das Bayerische Fernsehen zu realisieren. Um aber nicht wieder so in Zeitnot zu geraten, riet Sekretär Josef Clemens schon beim nächsten Thema zu einem möglichst frühzeitigen Produktionstermin. So waren wir übereingekommen, eine für das Weihnachtsfest im darauffolgenden Jahr vorgesehene Meditation etwas rechtzeitiger abzudrehen. Sicher ist sicher. Dachten wir.

Gleich neben dem römischen Kapitol befindet sich die Kirche Santa Maria in Ara Coeli. Jeder Rom-Tourist kennt zumindest die mächtige, breit angelegte Treppe, die dem benachbarten imperialen Aufgang zum Kapitol schon eindrucksvoll Konkurrenz macht. Im Hochsommer und noch dazu in der größten Mittagshitze bei Temperaturen zwischen 35 und 40 Grad die 124 Stufen zu erklimmen, ist allerdings eine kleine Herausforderung. Oben angekommen, betritt man dann gerne gleich das Gotteshaus in der Erwartung erfrischender Kühle, wie das bei den meisten anderen Kirchen Roms der Fall ist. Aber hier: Fehlanzeige. Als ich mit dem Kamerateam in das wie auf einer Sonnenbank liegende Kirchengebäude eintrat, empfing uns ein Klima, das irgendwo zwischen Sauna und Dampfbad angesiedelt war. Vielleicht nicht ganz so heiß, dafür umso feuchter.

In einer Seitenkapelle der Kirche befindet sich der in Italien sehr populäre „Bambino Gesu“, eine hölzerne und mit Edelsteinen reich verzierte Figur des Jesuskindes. So populär, dass sie im Jahr 1994 und am helllichten Tag aus der Kirche geklaut wurde.

Seitdem ist es eine Kopie, an die Kinder aus aller Welt zu Weihnachten ihre Grüße wie auch ihre Wunschzettel schicken können.

Wir waren hier verabredet mit Kardinal Ratzinger, der zu einem späteren Zeitpunkt über eben jenes Jesuskind einen Meditationstext sprechen wollte. Prälat Clemens hatte in bewährter Manier innervatikanische bürokratische Fragen gelöst, und auch der Medienrat hatte diesmal das Projekt nach Kräften unterstützt.

Jetzt aber, im Juli, war eine Heilige Messe angesetzt gewesen, die der Kardinal in Konzelebration mit seinem Privatsekretär Josef Clemens wie auch mit dessen späterem Nachfolger, Georg Gänswein, feiern wollte. Es gab auch einen besonderen Anlass: Die Regensburger Domspatzen waren nach Rom gereist, um unter der Leitung von Domkapellmeister Roland Büchner und im Beisein des Kardinalsbruders Prälat Georg Ratzinger unter anderem diese Messe musikalisch zu gestalten. Für das Kamerateam wiederum war es eine gute Gelegenheit, einige Sequenzen der liturgischen Feier sowie der gesanglichen Darbietungen aufzunehmen, um sie zur Ausgestaltung der späteren Weihnachtsmeditation verwenden zu können.

Als der Kardinal und seine beiden Konzelebranten schließlich gemeinsam am Altar standen und auf die Kirchenbänke blickten, da war das Gotteshaus bis auf den letzten Platz mit Gläubigen gefüllt. Mit Gläubigen, die ständig damit beschäftigt waren, sich gegenseitig mit Zeitungen, kirchlichen Gesangbüchern und Rom-Reiseführern Luft zuzufächeln. Ganz Schlaue hatten sogar batteriebetriebene Klein-Ventilatoren dabei, die damals gerade in Mode gekommen waren. Derlei technikorientierte Eigeninitiative ist direkt am Altar natürlich unangebracht, und so erfüllten die Geistlichen, in schwere liturgische Gewänder gehüllt, korrekt und würdevoll ihren priesterlichen Dienst.

Im Innern der Kirche hatte sich aber inzwischen ein derartiger Hitzestau gebildet, dass Prälat Clemens wie auch Prälat Gänswein nicht umhinkamen, häufig nach den in ihren weiten Ärmeln deponierten Taschentüchern zu kramen, um sich Ströme von Schweiß von Gesicht und Stirn zu wischen. Joseph Kardinal Ratzinger erging es in der brütenden Hitze auch nicht recht viel besser, ebenso wie dem Chor der Domspatzen, die versuchten, dennoch ihr Bestes zu geben. Ich hatte meine Zweifel, ob diese sichtbar hochsommerlich anmutenden Bilder ausgerechnet für eine Weihnachtsmeditation geeignet sein würden.

Nach dem „La messa è finita – andate in pace" („Die Messe ist beendet, gehet in Frieden") aber kam der Kardinal auf mich und das Kamerateam zu, und offensichtlich augenblicklich erriet er meine Gedankengänge. „Wir gehen jetzt schon noch zum Bambino Gesu", sagte Joseph Ratzinger, „auch wenn es heute ja wirklich heiß ist." Und schon schritt er voran zur Sakristei, um das Messgewand gegen die Kardinals-Soutane auszutauschen.

Als wir wenig später dann zur Vorbesichtigung in der Seitenkapelle vor dem Altar mit der Figur des bekannten Jesuskindes standen, da betrachtete Kardinal Ratzinger die reich verzierte Statue sehr eingehend. Sie stand in einer Art Sicherheitsvitrine, abgeschirmt durch eine Glasscheibe, die man seit dem Diebstahl des Originals als Schutz installiert hatte. Wegen der momentanen Luftfeuchtigkeit in der Kirche war sie an den Rändern ganz leicht beschlagen. „So was", sinnierte Kardinal Ratzinger schmunzelnd, „es ist so heiß, da muss sogar das Christkind schwitzen."

Der Kern der Wahrheit

Mitte Dezember dann drehten wir schließlich die Meditation mit Kardinal Ratzinger in der Kirche Santa Maria in Ara Coeli ab. In der nachträglichen Betrachtung kann man feststellen, dass er bei dieser Meditation inhaltlich etwas vorweggenommen hatte, was für den Stil seines späteren Pontifikats so kennzeichnend werden sollte, die Maxime seines pastoralen Handelns. Denn auch hier transportierte er seine theologische Erkenntnis und Überzeugung, in der Betrachtung des menschgewordenen Gottes die Einfachheit und Klarheit des Glaubens wieder sichtbar zu machen – und damit letztlich auch überflüssigen, die Wahrheit verdeckenden Ballast über Bord zu werfen.

Wörtlich sagte er: „Das Wort Gottes – das ist der Sohn Gottes selbst. Es ist das ewige Wort des Ewigen Vaters. Von dieser Einsicht her, die uns Johannes vermittelt hat, verstanden sie die Verheißung, dass Gott sein Wort klein macht, dass er es ‚zusammenzieht' auf der Erde. Das bedeutet ein Doppeltes für sie. Gott macht das Wort klein, er verkürzt es – das heißt, er zieht alles zusammen in dem Doppelgebot, Gott und den Nächsten zu lieben. So einfach ist das Wort geworden. Alles ist darin enthalten. Man braucht kein Gelehrter zu sein, um Gottes Botschaft zu begreifen. Alle verwirrende Problematik verschwindet. Das Herz begreift das Wesen des einfach gewordenen Wortes. Gott lieben und den Nächsten. So einfach ist der Glaube, so groß und anspruchsvoll zugleich."

Wer die Predigten und Ansprachen Papst Benedikts XVI. studiert, wird feststellen, dass diese seine gläubige Grundhaltung dabei immer und immer wieder durchscheint: das Streben und die Suche nach dem Kern der Wahrheit, nach der Quelle der Erkenntnis. Um die Gläubigen zu ermuntern, sich auf diesen Weg einzulassen und zu diesen Einsichten zu gelangen, wird der Papst deshalb von Beginn an eine Sprache gebrauchen, die so einfach wie verständlich ist. Und ebenso entwickelt er zeitgemäße Bilder, die an Gleichnisse erinnern. Ein, wie ich meine, besonders schönes Beispiel über die oft genug ja mühselige Suche des Christen nach dem Quell der Wahrheit und des Lebens ist seine Schilderung einer Alltagsszene; eine Momentaufnahme, die zugleich illustriert, dass man mit Bequemlichkeit und Passivität dieser Wahrheit kaum auf die Spur kommen wird. So hätten wir uns längst daran gewöhnt, sagt Benedikt XVI., alles entgegenzunehmen, zu konsumieren und damit auch zu akzeptieren, was uns auf dem Förderband fertig verpackt, abgefüllt und portioniert entgegenkommt. Deshalb, so der Papst, könnten wir auch gar nicht mehr wissen, wie das Wasser schmeckt, das direkt an der Quelle sprudelt.

Der Präfekt – ein Interview

Ich hätte den Termin womöglich übersehen, aber unserem niederbayerischen Kollegen in der Fernsehdirektion des Bayerischen Rundfunks in München entging diesbezüglich nichts. Seit Jahren schon hatte er alle Daten relevanter bayerischer Persönlichkeiten aus Politik, Wirtschaft, Kirche und Kultur akribisch gespeichert, ebenso alle damit verbundenen Fest- und Feiertage, Gedenkfeiern, Jahrtage, Jubiläen etc. Und alle beim Bayerischen Fernsehen wussten: Wenn der anruft, dann steht etwas Wichtiges an.

Auf seine telefonische Standardanfrage: „Habt's ihr da schon was in Planung?" und die übliche Standardrückfrage: „Wos denn?" kam seine Synthese: „Hob i mir's doch gleich denkt ...", gefolgt von einem Info-Komplett-Paket, in dem er alle relevanten Daten und Fakten um einen bedeutenden Termin herum zusammengestellt hatte. Dafür waren wir ihm aber tatsächlich dankbar, denn auch der umsichtigste Planungsredakteur konnte ja mal was übersehen, unser Mann aus Passau aber nie!

Nun ist der Termin „20 Jahre Präfekt der Römischen Glaubenskongregation" zwar kein klassisches Jubiläumsdatum, die Aussicht auf ein daran angebundenes, ausführliches Exklusivinterview mit Joseph Kardinal Ratzinger hingegen sehr verlockend. Weil der Präfekt unsere entsprechende Anfrage auch mit einem sofortigen „Ja" beantwortete, war für uns die Sache klar. Ich hatte mir daraufhin einen Fragenkatalog zusammengestellt, der den Kardinal zu einer Art Bestandsaufnahme seiner Amtszeit in der Kongregation ermuntern sollte, aufgelockert durch ein, zwei persönliche Fragen. Was ich nicht ahnen konnte – und Kardinal Ratzinger wohl auch nicht: In diesem Interview würde er, quasi in der Interpretation seiner Retrospektive, schon glasklar die Grundzüge des Pontifikats vorzeichnen, das er nur drei Jahre später unter seinem neuen Namen Benedikt XVI. beginnen sollte.

So saß ich schließlich Joseph Ratzinger im November 2002 im Audienzraum der Römischen Glaubenskongregation gegenüber.

Frage: „Herr Kardinal, wie werden Sie diesen Tag begehen?"

Kardinal Ratzinger: „Überhaupt nicht, denn es war ja so: Der 25. November 1982 war zwar ein großer Einschnitt, ich war bei einer Firmung in der Nähe von Oberammergau, es schneite, und beim Herausgehen sagte ich dann zum Pfarrer: ‚Da geht leider meine Amtszeit hier zu Ende.' Aber ich bin ja noch in München geblieben bis zum 15. Februar und habe erst im Februar dann richtig begonnen. Ich habe zwar im Januar hier schon zwei Kardinalsversammlungen geleitet, aber die Ablösung von München brauchte doch ein wenig Zeit. Insofern ist der ganze Zeitraum ein Zeitraum des Überlegens, des Erinnerns, aber ein Fest möchte ich nicht daraus machen."

Frage: „Wie muss man sich denn die Zusammenarbeit zwischen Ihnen und dem Papst vorstellen? Geht es denn in diesen regelmäßigen Gesprächen immer nur um Grundsatzfragen in Glaubensdingen, oder geht es da auch um Alltäglichkeiten des vatikanischen Lebens?"

Kardinal Ratzinger: „Ja, man muss, glaube ich, zwei Arten von Begegnungen unterscheiden. Zum einen die Arbeitsessen, die in größerer Gruppe stattfinden und denen schon ein Gespräch von mindestens einer Stunde vorangeht. Und dann, beim Essen, lockert sich natürlich die Situation und man kommt allmählich vom Ernst der Sachdiskussion hinweg, dann auch zu ganz lustigen Unterhaltungen. Und zum anderen die Tabellenaudienzen am Freitagabend, wo ich die Ergebnisse unserer Kardinalsversammlungen vorlege. Der Papst hat die Dokumentation, aber ich versuche, darzustellen, wie die Diskussion verlaufen ist, welche Gesichtspunkte aufgetreten sind, damit der Papst ein möglichst vollständiges Bild der Positionen hat und für die Entscheidung alle Elemente verfügbar hat, die er dazu braucht. Da gibt es dann ein Gespräch über diese Sachen; das kann sehr tief gehen, das können aber auch geringere Angelegenheiten sein, und im Allgemeinen ist es dann so, dass wir zu Beginn und am Ende noch ein kleines Geplauder anfügen. Sagen wir, der Papst kommt von einer Reise oder er bereitet sich auf eine Reise vor, dann reden wir darüber, oder es ist sonst irgendetwas erfolgt in der Welt, was uns beide interessiert. Das Hauptgewicht liegt natürlich bei der Sachfrage, aber ein bisschen Persönliches wird immer mit hineingemischt."

Frage: „20 Jahre Präfekt der Römischen Glaubenskongregation – wie sehen Sie selbst im persönlichen Rückblick diese Zeit? Waren es hinsichtlich der Berufung eher Jahre der Sorgen oder waren es Jahre der Erfüllung?"

Kardinal Ratzinger: „Ich würde sagen, das mischt sich beides. Einerseits sind es sicher Jahre der Erfüllung gewesen. Man hat ja hier den Kontakt mit der ganzen Welt. Zum einen sehen wir die Bischöfe der ganzen Welt, im Laufe von fünf Jahren kommen sie zu uns. Dabei werden die Beziehungen enger, herzlicher. Viele Freundschaften entstehen; und dabei mitzuerleben ihre Sorgen, ihre Freuden, und einfach Teilhaber zu werden dieser Geschehnisse, das ist etwas sehr Schönes. Aber auch viele andere Menschen – Laien, Vertreter der Wissenschaft, der Politik – setzen sich in Kontakt mit mir; und so auch daran teilzuhaben, an den großen Vorgängen dieser Zeit und bis zu einem gewissen Maß auch an ihren Entscheidungen, das ist etwas sehr Schönes. Auch zu sehen, wie viele Menschen Vertrauen haben, wie viele dazu beizutragen versuchen, dass wir unseren Dienst recht tun können. Auch die Zusammenarbeit hier im Hause, mit jungen Menschen, die dann auch wieder weggehen und durch andere ersetzt werden, das ist etwas sehr Schönes. Man lernt auch unheimlich viel dabei, weil wir hier mit vielen großen Fragen konfrontiert werden, die unsere Zeit bewegen, erschüttern oder auch helfen, weiterzukommen. Andererseits bringt das natürlich auch ungeheuer große Auseinandersetzungen mit sich und Beschimpfungen, Abstempelungen und dergleichen mehr. Insofern gibt es dann auch Sorge darüber, ob das, was wir tun, auch wirklich helfend sein kann; und es lässt einen natürlich auch nicht kalt, wenn man dann zum Buhmann gemacht wird, so und so oft. Beides mischt sich miteinander, und es gehört, glaube ich, auch zusammen. Man kann eben nicht große Dinge betreiben, ohne sich dabei auch verprügeln zu lassen. Ich glaube, die reine Freude ohne die Sorge und die Sorge ohne Freude – beides wäre unerträglich, und beides zusammen macht das menschliche Leben aus."

Frage: „Dass Sie da sind, wo Sie heute sind – inwieweit liegt das Zustandekommen ihrer Vita auch in Ihrer Familie begründet? Welchen Anteil hatten daran Ihre Eltern, Ihre Geschwister?"

Kardinal Ratzinger: „Einen ganz starken Anteil. Es haben sich Vater und Mutter mit ganz unterschiedlichen Temperamenten sehr ergänzt. Unser Vater war ein sehr rationaler Mann mit einer unglaublichen Klarheit und Weitsicht des Urteils, womit er oft auch Akademiker belehren konnte oder auch nicht belehren konnte. Von ihm haben wir einen nüchternen und zugleich sehr tiefen und ernsthaften Glauben gelernt. Unsere Mutter war … ich würde sagen: poetisch und herzlich und warmherzig. Sie hat das Ganze mehr mit der Intuition des Herzens erfasst, und diese beiden Komponenten zusammen waren für unsere Familie ganz wertvoll, dass der Glaube sozusagen in seiner Wärme wie in seinem Anspruch und in seiner Ernsthaftigkeit zu unserer Atmosphäre gehörte, uns formte und unseren Weg zeichnete. Mein Bruder hat mir ja die Straße sozusagen vorgegeben, und dieses Vorangehen von ihm war für mich immer sehr wesentlich gewesen, um meinen eigenen Weg finden zu können. Meine Schwester mit ihrem ... ich würde sagen: demütigen Glauben und mit ihrer ständigen Bereitschaft, selbst zurückzutreten, einfach zu helfen und auch für mich da zu sein, sie hat mich gerade dadurch immer wieder aufgerichtet und mir auch geholfen, die Entscheidungen zu treffen, die fällig waren. Insofern war für mich die Familie wirklich die Keimzelle und die tragende Kraft meines Weges."

Frage: „Sie sind seit 20 Jahren hier in der Glaubenskongregation. Wie muss man sich denn so was vorstellen? Wie sind denn so die äußeren Arbeitsabläufe hier in der Kongregation? Ist das mehr so wie eine Behörde mit festen Arbeitszeiten oder mehr so wie ein Lagezentrum, von einer Dringlichkeit zur anderen?"

Kardinal Ratzinger: „Auch das mischt sich etwas. Wir haben feste Arbeitszeiten, wir haben hier die 36-Stunden-Woche; also insofern sind wir vorbildlich, glaube ich. Aber ich muss natürlich immer ganz viel mit nach Hause nehmen und viele Hausaufgaben machen, so dass es ein echter Fulltime-Job ist. Auf der einen Seite versuchen wir, die großen Linien dessen, was zu tun ist, zu sehen und uns nicht einfach nur von der Reaktion auf das, was geschieht, bestimmen zu lassen; etwas im Voraus zu erkennen, was die Dringlichkeiten einer Situation sind. Aber wir sind natürlich auch ganz stark in Anspruch genommen, von einer Dringlichkeit zur anderen zu gehen, denn es ereignet sich in der Weltkirche und in einer so dramatisch bewegten Welt wie der unseren unheimlich viel; dabei prasseln die Fragen auf uns herein, so dass wir mit einem relativ kleinen Mitarbeiterstab doch sehr damit beschäftigt sind, gerade all dem standzuhalten, was von uns verlangt wird. Nur versuchen wir doch nicht ganz in der Reaktion zu ertrinken, sondern etwas Perspektiven zu haben und insofern auch ein wenig mitzusteuern auf dem Weg in die Zukunft."

Frage: „Es gab ja in den vergangenen zwei Jahrzehnten unter der Vielzahl an Themen, die die Glaubenskongregation mit zu bearbeiten hatte, auch eine ganze Menge, die die Öffentlichkeit sehr stark beschäftigt haben, die auch öffentlich sehr kontrovers diskutiert wurden. Eines dieser Themen war die Befreiungstheologie, besonders zu Zeiten des gespannten Ost-West-Verhältnisses. Heute redet man kaum mehr davon. Es gab da Kommentatoren, die sagten, dass diese Diskussion, auch die innerkirchliche Diskussion, zur Befreiungstheologie zur Zerreißprobe der katholischen Kirche geworden sei. Sehen Sie das genauso?"

Kardinal Ratzinger: „Zerreißprobe ist vielleicht etwas viel, aber es war eine sehr tief gehende Herausforderung, denn unter dem Druck der sozialen und politischen Probleme, vor allem in Lateinamerika, war es durchaus verständlich, dass Theologen und Hirten versuchten, nun unmittelbare und konkret wirksame Antworten darauf zu finden, den Glauben mit einer Kraft, die das überwindet, einzusetzen. Das ist richtig und notwendig. Aber dabei wurde dann die Rezeptur sozusagen auf die falsche Ebene geschoben, indem man den Glauben direkt als politische Kraft einzusetzen versuchte und den Marxismus als die politische Strategie und als die wissenschaftliche Erklärung der Welt ansah, mit der man endlich dieses Elend überwinden und insofern den Dienst tun kann, den man Erlösung, Befreiung nennt. Das hätte, wenn es obsiegt hätte, eine Politisierung der Kirche bedeutet, in der Gott nur noch ein Instrument unseres eigenen politischen Handelns gewesen oder überhaupt verschwunden wäre. Deswegen war es eine Versuchung, die bis auf den Grund ging, auch wenn es natürlich im Konkreten nicht um ein Schwarz-Weiß-Denken ging, sondern um sehr viele Nuancen. Das hatte die ganze Christenheit erregt, auf der einen Seite die selbst Betroffenen, vor allem in Lateinamerika, wobei es unter diesen auch eine große innere Spaltung gab – zwischen denen, die das als Gefahr ansahen, und denen, die es als große Hoffnung betrachteten; und in der westlichen Welt, die sich dramatisch auf die Seite der Befreiungstheologie gestellt hatte, für sich selbst zwar diese Rezeptur ablehnte, sie umso radikaler aber anderen empfahl. Das war insofern eine wirklich aufregende Auseinandersetzung. Der Umstand, dass die Befreiungstheologie selbst Politik war und auch sein wollte, brachte es mit sich, dass in dem Augenblick, in dem sich die politische Konstellation radikal veränderte, diese Theologie gleichsam über Nacht zusammengebrochen ist. Ich würde nicht sagen, dass sie vollständig verschwunden ist, weil ja auch die Probleme geblieben sind. Insofern müssen irgendwie dieselben Fragen immer wieder auftauchen. Aber in ihrer eigentlichen Form hat sie an Aktualität verloren. Sie drückt sich heute in verschiedenen Metamorphosen aus, etwa in der Befreiung von der kulturellen Kolonisation Lateinamerikas und Asiens durch den Westen, auch in feministischen und ökologischen Befreiungsideen. Das Panorama als solches hat sich gewandelt. Jedenfalls, so denke ich, ist sichtbar geworden, dass es notwendig war, einer einseitigen radikalen Politisierung des Glaubens sein eigentliches Wesen energisch entgegenzustellen."

Frage: „Eines der Mammut-Themen, wenn man das so sagen darf, war in Ihrer bisherigen Amtsperiode die Erstellung des ‚Katechismus der Katholischen Kirche'. Sie waren Vorsitzender der Kommission, die diesen Katechismus erstellt hat. Also, wenn man diesen Katechismus auch nur vom Durchblättern her kennt und mal hie und da reinblickt, dann erahnt man wohl den enormen Arbeitsaufwand, der damit verbunden war. Wie sind Sie denn an so ein Projekt herangegangen?"

Kardinal Ratzinger: „Ja, das war schwierig am Anfang. Und ich muss sagen, dass der damalige Sekretär der Kongregation, Bovone, mir mit seinen Ideen sehr geholfen hat. Nun, wir haben zunächst einfach die Kommission einberufen, die ja aus Bischöfen aus aller Welt zusammengesetzt war – mit unterschiedlichen Erfahrungen, theologischen Vorstellungen und katechetischen Ideen. Da haben wir zunächst in einem gar nicht einfachen Diskurs miteinander versucht, die Struktur zu klären. Wie muss so ein Buch überhaupt aufgebaut sein? Wie kann man das machen? Welches sind die leitenden Ideen? Von woher soll es angefangen werden? Müssen wir uns zuerst an Gott heranbeweisen und sofort beweisen? Oder sollen wir den Glauben einfach hinstellen, dass er in seiner organischen Ganzheit seine überzeugende Kraft darstellen kann? Und so weiter. Wir haben dann in dieser Kommission einen allerersten Entwurf in Lateinisch gemacht, der an die Weltbischöfe geschickt wurde und durchgefallen ist; zu Recht, würde ich sagen. Gerade daraus haben wir gelernt, wie es nicht geht, und uns dann entschlossen, ein Komitee von Redaktoren zu bestellen, wieder Bischöfe aus der ganzen Welt – sieben oder acht, ich weiß es nicht mehr genau –, die je mit einem Teil betraut waren, denn über die Struktur waren wir uns inzwischen einig geworden. Die konnten dann selber so arbeiten, wie sie es für richtig hielten. Von Zeit zu

Zeit mussten deren Ergebnisse wieder zu uns gebracht werden, und dann haben wir in der Kommission das alles diskutiert und durchgewälzt und hier auch einen kleinen Stab von Spezialisten sammeln können. Dabei musste alles ganz billig vor sich gehen; wir hatten nur wenige bezahlte Kräfte, so gut wie gar keine. Wesentlich aber war für uns, dass der Katechismus wirklich in der Weltkirche gewachsen ist und dann wieder an alle Bischöfe und an die großen katechetischen Institute gegangen ist. In einem langen Hin und Her ist dann allmählich das Buch gewachsen. Als wir dann den wesentlichen Text hatten, konnten wir hier mit dem kleinen Stab an Leuten den Schlusstext erarbeiten. Es war für jeden, der daran teilgenommen hat, ein, glaube ich, äußerst aufregendes und schönes Abenteuer. Wie eben unterschiedliche Sichten, Sprachformen und Denkweisen dann doch in eins zusammenströmten, wie sich allmählich eine Form herausbildete, die man am Schluss mit diesen Kurzantworten noch einmal zusammenfasste und insofern auch vermittelbar machte. Alle haben sich bereichert gefühlt. Ich weiß noch, es war dann bei einer dieser Sitzungen auch ein bis dahin nicht beteiligter Deutscher da, der dann gesagt hat: ‚Na, jetzt sehe ich das Ganze doch ein bisschen anders an.‘ Er war dann doch auch tief beeindruckt von dieser weltweiten und vielschichtigen Zusammenarbeit. Jedes menschliche Buch ist auf seine Weise unvollkommen, es könnte verbessert werden. Aber ich glaube, es ist doch ein Werk daraus entstanden, das hilft und das es wert ist, der Christenheit angeboten zu werden.“

Frage: „Wie muss denn ein gläubiger Katholik dieses Werk verstehen? Ist es eine Richtlinie? Eine Art Verhaltenskodex, der noch Spielraum lässt für Interpretationen, oder gelten hier im strengen Sinne Wort für Wort, Satz für Satz, ähnlich wie in der Bibel?“

Kardinal Ratzinger: „Nun, auch in der Bibel gelten die einzelnen Sätze ja nur in der Verschränkung des Ganzen. Man liest ja die Bibel falsch, wenn man jeden Satz sofort dogmatisieren will. Man muss eben immer in die Ganzheit der Bibel hineinlesen. Und so etwas Ähnliches gilt auch hier, dass das Buch in seiner Ganzheit zu sehen ist und natürlich in der Ganzheit der lebendig glaubenden Kirche. Es will eine Darstellung dessen sein, was die katholische Kirche glaubt und lehrt, so dass man weiß: Dies ist der Glaube der Kirche, und daran kann man sich halten. Aber es ist natürlich nicht ... sagen wir: verbal, Satz für Satz oder Wort für Wort nun ein unabänderliches Dogma, weil ja gerade auch Sprachformen wechseln, sich erneuern und ausweiten müssen. Wir haben ja – dann schon in einer zweiten Auflage – aufgrund eines ungeheuren Briefwechsels eine ganze Reihe an Verbesserungen vorgenommen, und das wird auch weiterhin geschehen. Ein Buch muss ja lebendig bleiben, wenn es etwas Lebendiges hervorbringen will. Aber als Ganzes stellt es doch dar: Dies ist der Glaube der katholischen Kirche."

Frage: „Es gibt aus deutscher Sicht Themen, die mit Blick auf Rom immer wieder gerne und kontrovers diskutiert werden. Stichworte: Frauenordination, Zölibat, Sexualmoral der katholischen Kirche. Manchmal hat man den Eindruck, in diesen öffentlich geführten Auseinandersetzungen dreht man sich eigentlich immer wieder im Kreis. Warum geht die katholische Kirche nicht den Weg wie etwa die evangelische oder anglikanische, Frauen zum Priesteramt zuzulassen? Sie müssten doch mit enormen Beifallsstürmen rechnen, und das leidige Thema wäre vom Tisch."

Kardinal Ratzinger: „Beifallsstürme auf der einen Seite ganz gewiss, aber die Diskussion wäre nicht vom Tisch. Es würde sogar zu einer wirklichen Zerreißprobe führen. Wir sehen es am Beispiel der anglikanischen Kirche, wo dann eine große Konversionsbewegung weg von den Episkopalianern zur katholischen Kirche hin eingesetzt hat und die Krise keineswegs überwunden ist. So würde auch in der katholischen Kirche mit ihrer weltweiten Spannung, mit ihrer tiefen Verwurzelung in der Tradition, die auch in so vielen Menschen ganz gegenwärtig und prägend ist, nicht nur der Beifallssturm obwalten, sondern es würde zu einer inneren Spaltung kommen, deren Dimensionen sich man noch gar nicht vorstellen kann. Deswegen kann die Kirche nicht einfach tun, was sie will. Aber das ist noch nicht der tiefste Grund. Daran sichtbar wird aber, dass die Kirche sich nicht am kalkulierten Beifall oder auch an der kalkulierten Kritik messen kann, sondern fragen muss: Was ist ihr eigentlich aufgetragen? Was ist ihr Wesen? Kann Sie überhaupt tun, was sie möchte? Wenn der Glaube nur eine Sache wäre, die von ein paar alten Männern in Rom immer wieder reguliert wird, dann wäre er wenig. Dann wäre auch nicht einzusehen: Warum soll ich mich auf diese Gruppe stützen und das tun und leben, was die sagen? Vielleicht schon die nächste Generation würde es ganz anders machen. Der Glaube ist nur dann etwas wert, wenn er nicht von einer bestimmten Gruppe, nicht von einer Mehrheit erfunden wird, sondern wenn er etwas ist, das uns wirklich vorangeht, das uns begegnet, das letztlich von Gott herkommt. Dann steht er nicht zur Disposition. Dann kann nicht irgendeine Gruppe, die zufällig an den Hebeln der Macht ist, bestimmen: ‚Das machen wir, und das machen wir nicht.' Sondern dann ist die Aufgabe dieser Sachwalter, zu finden: ‚Was ist uns wirklich vom Herrn vorgegeben? Was können wir, und was dürfen wir nicht?' Der Papst ist kein absoluter Monarch, dessen Wille Gesetz ist, der einfach sagen kann: ‚So geht es', sondern der Papst ist vor allen Dingen ein Gehorchender. Und ich weiß, dass ihm menschlich viel lieber gewesen wäre, nun die Frauenordination zuzulassen, aber dass es für ihn eine Gehorsamsübung war, nicht den eigenen Willen durchzusetzen, sondern im großen Überlieferungsstrom, im Glauben der Kirche zu bleiben. Und das ist es eben, was den Glauben kostbar macht. Dass sich nicht irgendjemand etwas ausdenkt, was wir machen wollen, sondern dass wir alle auf einem Boden stehen, den wir nicht selbst gesucht haben, und damit auch wissen: Dies ist ein Fundament, auf dem ich leben und sterben kann, dem ich mich getrost heute und morgen anvertrauen darf."

Frage: „Als Sie das Papier ‚Dominus Jesus' veröffentlicht hatten, das ja in weiten Teilen das Verhältnis der Religionen, der Kirchen, der Glaubensgemeinschaften untereinander beschreibt, da gab es plötzlich massive Proteste. Jetzt haben sich die Wogen der Entrüstung etwas geglättet, aber – was meinen Sie? Wurde denn ‚Dominus Jesus' grundsätzlich missverstanden?"

Kardinal Ratzinger: „Es gab sicherlich reißerische Missverständnisse. Wenn gesagt wird, die Katholiken behaupten, dass alle anderen in die Hölle kommen, dass sie die allein seligmachende und die allein richtige Kirche sind und dass die anderen Religionen nichts wert sind und keine wirkliche Bedeutung für den Menschen haben – das waren so typische Reißer, mit denen man wieder einmal gegen eine Realität einschlagen wollte, die irgendwie manchen im Weg umgeht. Insofern gab es eine ganze Menge an Missdeutungen, an Vereinseitigungen und dergleichen mehr; und viele Leute, die darüber geredet haben, haben den Text auch gar nicht gelesen. Mir hat sogar ein bedeutender Universitätsprofessor geschrieben. Nach dem, was er in den Zeitungen gesehen habe, bräuchte er den Text gar nicht mehr zu lesen, denn man wisse ja jetzt, dass er ganz unmöglich sei. Er hätte doch gut daran getan, ihn zu lesen, weil es dann doch etwas anders aussieht. Ich würde sagen, es ging schlicht darum, zu sagen, dass das Eins-Werden, das wir uns alle wünschen, nicht bedeuten kann, dass man sich nun auf dem kleinsten gemeinsamen Nenner trifft und die großen Dinge wegwirft, die die eigentliche Identität ausmachen – nur, um sich irgendwo in einem Minimum als eins erklären zu können; einer Einheit, die dann inhaltslos wäre und auch gar keine Kraft hätte. Sondern dass die Art der Einheit eher mit einer Polyphonie zu tun haben muss, in der das Einzelne seinen Ort behält und in der der Respekt miteinander hilft, trotzdem einen gemeinsamen Weg zu gehen; aber nicht das Große aufzulösen, das einem geschenkt worden ist, und damit eine Sendung aufzulösen, deren Fehlen die Welt ärmer und leerer machen würde."

Frage: „Gab es denn zu einem späteren Zeitpunkt noch einmal Reaktionen aus verschiedenen Kirchen oder Religionsgemeinschaften, die gesagt haben: ‚Ja, eigentlich haben wir es jetzt gelesen' oder ‚Wir haben es jetzt besser verstanden' beziehungsweise ‚Es sind Dinge da, die wir vorher vielleicht missverstanden haben'?"

Kardinal Ratzinger: „Ja, es waren … sagen wir: die ermutigenden Briefe allmählich zunehmend. Und auch die Beurteilungen wurden dann abgewogener. Es bleiben natürlich unterschiedliche Gesichtspunkte. Es ist für einen Hindu schwer akzeptabel, dass in Christus wirklich Gott selbst Mensch geworden ist, und damit ist er etwas anderes als alle anderen großen religiösen Figuren, die es in der Weltgeschichte und in der Religionsgeschichte gibt. Das ist im eigenen historischen Bewusstsein durchaus fremd. Da ist Auseinandersetzung, die eben dialogisch sein soll, unvermeidlich. Insofern waren nicht alle Polemiken nur Missverständnis, sondern ... sagen wir: auch Verteidigung einer eigenen Identität. Oder auch im Verhältnis der Kirchen zueinander: wenn wir sagen, dass die Struktur der Kirche, wie sie in der katholischen und in der orthodoxen da ist – mit dem Bischofsamt und mit dieser Ursprungsgemeinschaft im Sakrament –, im ursprünglicheren und tieferen Sinn Kirche ist als die Form der evangelischen Christenheit, die das Wort Gottes in die Mitte stellt und damit auf andere Weise den Menschen zu Gott hin hilft und den Kirchenbegriff von Anfang an geringer ansiedelt, als das bei uns der Fall ist – da gibt es echte Gegensätze und echte Unterschiedlichkeiten, die diskutiert werden müssen. Sie als solche zu sehen, ist ja auch gut, wenn dabei das gegenseitige Bewusstsein des Respekts und des Lernenwollens und -müssens nicht leidet."

Frage: „Wie würden Sie das gegenwärtige Verhältnis der Weltreligionen untereinander beschreiben? Könnte es irgendwann einmal so etwas wie eine ‚Gläubige Internationale' geben, also ein Gottesvolk, das über Länder und Grenzen hinweg an den einen, gemeinsamen Gott glaubt?"

Kardinal Ratzinger: „Nun, ich meine, der Gottesbegriff ist schon sehr verschieden. Denken wir an den Buddhismus. Da gibt es keinen Gott im eigentlichen Sinn, sondern dort ist die Meinung, sich Gott eben als ein Ich oder Du oder Er vorzustellen, das einen Willen und eine Erkenntnis hat und eben eine Person genannt werden kann. Das wird von uns als eine Verendlichung Gottes angesehen, also eine Verkleinerung Gottes, die ihn in unsere Vorstellungsschematismen zwängt und seiner unwürdig ist. Infolgedessen kann dort von Gott in diesem Sinn gar nicht gesprochen werden. In der abrahamischen Gemeinschaft zwischen Moslems, Juden und Christen gibt es den einen Schöpfergott. Insofern sind wir uns schon viel näher als miteinander Pilgernde; aber auch da bleiben natürlich ganz große Unterschiede. Ich würde sagen: Ich glaube nicht an eine mögliche Verschmelzung der Religionen, wohl aber an eine Bereicherung, die wir voneinander empfangen können. Wesentlich ist, dass – wie der Papst neulich gesagt hat – der Name ‚Gott' ein Name des Friedens bleibt und dass erkannt wird, dass Religion nicht mit Gewalt verbreitet werden kann und nicht ihrerseits die Gewalt zu ihrem Instrument machen darf, sondern die Gegenkraft gegen die Gewalt ist: die Kraft der Liebe. Das muss sich dann gerade auch im Untereinander und Miteinander der Religionen zeigen."

Frage: „Religion auf der einen Seite, Technik, Wissenschaft und Forschung auf der anderen. Sind diese Begriffe in unserer heutigen Gesellschaft Antipoden? Nach dem Motto: Hier die Rückwärtsgewandtheit, dort die Zukunft, der Fortschritt?"

Kardinal Ratzinger: „Vielen erscheinen sie als Antipoden, und sie meinen, die Religion ist sozusagen der unaufgeklärte Rest, der noch verwissenschaftlicht werden muss und dann entweder verschwinden oder eine neue Form annehmen wird. Die Realität ist, dass es sich doch um verschiedene Ebenen handelt. In der Wissenschaft lernen wir, umzugehen mit der Welt, sie zu gebrauchen; und dabei ist dann immer die Frage: Was ist Gebrauch und was ist Missbrauch? Und an der Stelle setzt dann schon die andere, eben die ethische und danach die religiöse Frage ein: Woher nehme ich die Maßstäbe dafür, was Gebrauch und was Missbrauch der Schöpfung ist? Was sinnvolles Auswerten der menschlichen Erkenntnis und der in die Dinge hineingelegten Kräfte ist, und was Zerstörung der Schöpfung des Menschen selbst sein würde? Insofern ist die religiöse Frage einfach die Frage nach den Maßstäben, die Frage nach der letzten Begründung der Menschenwürde, nach unserem Woher und Wohin. Eine, die auf einer anderen Ebene liegt als die experimentelle Erkenntnis. Ich glaube, wir müssen wieder neu sehen lernen – weitgehend ist das auch der Fall –, dass diese beiden Ebenen des Erkennens zueinander gehören. Dass eine antirationale Religion verderblich wäre, dass aber auch eine Wissenschaft, die sich der Religion völlig entledigt und ihre Maßstäbe wegwirft, ebenfalls eine Bedrohung der Menschheit wäre. Dass nur im Miteinander die ganze Weite des menschlichen Geistes zur Geltung kommt und wir eben der Welt richtig antworten können auf die Frage: ‚Wer bin ich, und was habe ich zu tun?'"

Frage: „Besteht denn nicht aus der Sicht der Kirche die Gefahr, dass man eben mit einer gewissen Technikgläubigkeit, einer Fortschrittsgläubigkeit dahin kommen könnte, dass dann eines Tages Weltraumforscher hergehen und sagen: ‚Gott ist ein Mythos, Gott ist eine Fiktion' – quod erat demonstrandum?"

Kardinal Ratzinger: „Nun, dass es solche Forscher geben wird oder schon gibt, ist ganz offenkundig, denn die Bemühungen, Gott überflüssig zu machen, gehen unablässig weiter und finden immer neuen Anhalt, so wie andererseits auch ... sagen wir: die Bedürftigkeit des Menschen nach Gott weitergeht. Denn gerade, wenn es an sein eigenes Leben und Sterben geht, dann merkt er, dass die bloßen Apparate nicht ausreichen. Ich glaube, insofern muss man diese andere Ebene einbeziehen, so wie Pascal gesagt hat: Gegenüber dem unermesslichen Weltraum scheint der Mensch zunächst ein winziges Schilfrohr zu sein. In Wirklichkeit ist ein Mensch größer als die ganze unermessliche Größe unseres Weltalls. Diese neue Mitte in diesem Universum umgibt ein Wesen, das denken, empfinden, leiden, hoffen, glauben, lieben kann.

Das ist ja noch mal etwas ganz anderes, wo sich aus noch ganz anderen Gründen als von der Weite der Schöpfung her die Frage stellt: Wer bin ich denn? Wohin führt das alles? Was ist Liebe eigentlich? Was ist Schmerz? Die Gottesfrage ist insofern viel unermesslicher als die Fragen, die Weltraumforscher lösen können, weil sie bis in das Innerste und Geringste unseres Daseins hinabreicht und gleichzeitig bis ins Größte des Kosmos hinaufreicht und auch die Verhältnisse umkehrt: dass am Ende eben ein Liebender mehr ist als unendliche Weltraummassen."

Frage: „Nicht nur das Weltall wird erforscht, sondern auch die genetischen Bausteine des Lebens. Man betreibt die Forschung, um einerseits Erbkrankheiten, genetische Defekte, zu erkennen und möglicherweise auch zu vermeiden. Aber andererseits ist es wohl auch nur noch eine Frage der Zeit, bis man den Menschen klonen kann. Was meinen Sie, findet denn hier eine ‚Entzauberung' des Göttlichen statt?"

Kardinal Ratzinger: „Bis zu einem gewissen Grade: ja. Der Mensch wird sozusagen machbar. Das ist ja schon immer das oberste Ziel gewesen, dass auch der Mensch, der so sperrig den Apparaten entgegensteht, nun ganz durchschaubar wird, auch er eben apparativ erklärt und erkannt und dann reproduziert werden kann. Da sind solche Vorgänge bis zu einem gewissen Grad in der Tat eine ‚Entzauberung'; und trotzdem bleibt das, was ich vorhin sagte, bestehen. Wenn der Mensch dann da ist, dann weiß er doch, dass er nicht bloß das Produkt von technischem Können ist, sondern ein einmaliges Geschöpf mit seinen Leiden, seinen Hoffnungen, seinen Freuden, seinem Anspruch auf Liebe und seiner Zerstörung von Liebe, die ihm widerfährt. Und dann geht es doch wieder in dieses unermessliche Rätsel des Menschseins hinunter und man sieht, dass die Apparate zwar etwas machen, aber dass sie den Mensch als Menschen doch nicht schaffen, sondern *mehr* hinter ihm steht und in ihm steht. Ich glaube, wir müssen sehr auf diese Einzigkeit des Menschen und auf die Größe seiner Würde bestehen, damit nicht unser Können die Menschenwürde missbraucht; damit nicht das, was eigentlich als Erkenntnis da ist, um den Menschen groß zu machen, ihn dann erniedrigt und womöglich zur Menschenzüchtung, zur Selektion und all den Dingen führt, deren Anläufe wir ja schon auf grausame Weise im Dritten Reich erlebt haben."

Frage: „Wie sehen Sie denn den gegenwärtigen Zustand der katholischen Kirche in Deutschland?"

Kardinal Ratzinger: „Ja, ich habe jetzt schon zweimal in diesem Gespräch von einer gemischten Vision sprechen müssen. So würde ich es auch da tun. Es gibt nicht einfach Schwarz oder Weiß, sondern es gibt beides miteinander, wie es in menschlichen Dingen der Fall zu sein pflegt. Wir nehmen in Deutschland auf unsere ganz besondere Weise an der Situation des Westens teil. Die Kirchenbesucher werden weniger, die Berufungen nehmen ab, besonders auch die zu den weiblichen Ordensgemeinschaften, und der Wind weht uns ins Gesicht. Es ist modern, Jesus nur als irgendeinen großen Menschen zu sehen, ihn womöglich auch menschlich zu bestreiten, ihn zu kritisieren; die katholische Kirche als eine Kirche mit einer beladenen, belasteten Vergangenheit unter dem Stichwort Inquisition vor allen Dingen zu sehen, also als eine Kraft der Reaktion, und so weiter. Und das macht ja auch jedem Einzelnen das Glauben schwer. Dazu kommt dann auch die soziale Situation, in der die Familie es schwer hat, zu bestehen, zu leben und sich als die eigentliche Kraft der Gesellschaft zu erkennen, in der es schwer geworden ist, Kinder zu erziehen, weil so viele andere daran mitwirken. Das alles macht den Glauben schwierig. In Deutschland haben wir in der Kirche eine große finanzielle Potenz, aber die Glaubenspotenz ist eben nicht immer gewachsen. Es gibt also viele und große Probleme, die Deutschland mit dem Westen teilt und – wie ich schon sagte – auf seine eigene Weise zu bestehen hat. Auf der anderen Seite gibt es in der jungen Generation, wie ich immer wieder sehe, auch ein neues Verlangen danach, einfach richtig freudig Christ zu sein. Die alten Ressentiments, die man in den 68er Jahren mit sich herumschleppte, alle vielleicht ärgerlichen Erfahrungen, die man gemacht hatte, und alles, was man sich aus der Geschichte angelesen hatte, das ist nicht mehr da. Man fängt frisch an und will jetzt nicht Christ sein im Widerspruch gegen sich selbst, sondern aus dieser Quelle das Große schöpfen, das sie zu geben hat. Deswegen glaube ich, dass die Kirche kleiner werden wird – das habe ich ja schon vor 30 Jahren oder 40 Jahren gesagt –, aber dass sie doch auch eine neue Kraft der Innerlichkeit haben wird und insofern auch als Salz der Erde und als Licht der Welt neue Möglichkeiten vor sich hat. Die Kirche ist nicht im Untergehen, sie ist in einer Krise, und sie wird sich in Vielem erneuern und auch anders, zur Ganzheit der Gesellschaft hin, einstellen müssen. Aber sie wird auch neue Kraft zeigen."

Frage: „Gibt es heute, nach diesen nunmehr 20 Jahren im Amt als Präfekt der Glaubenskongregation, etwas, das Sie ganz anders machen würden als noch zum Amtsantritt?"

Kardinal Ratzinger: „Würde ich nicht sagen. Man wird natürlich älter und vielleicht ein bisschen milder und langsamer, aber die großen Entscheidungen, denke ich, waren richtig. Auch deswegen, weil ich mir von Anfang an bewusst war, dass es keine einsamen

Entscheidungen des Präfekten geben darf, sondern dass Dinge dieser Größenordnung und Wichtigkeit kirchliche Entscheidungen sind und daher auch gemeinsam erarbeitet und errungen werden müssen. Dass sie zunächst eben im Austausch der Experten, der Kardinäle in der Begegnung mit der Weltkirche, und dann eben in der Begegnung mit dem Papst ihre Gestalt gewinnen müssen. Insofern: Ganz anders würde ich es nicht machen."

Frage: „Sind Sie jemand, der sich manchmal auch über sich selbst so richtig ärgern kann?"

Kardinal Ratzinger: „Ja, das schon. Vor allen Dingen kraft meiner Schlamperei verlege ich oft wichtige Dinge, und dann verliere ich so viel Zeit mit Suchen, die ich eigentlich besser brauchen würde. Oder aber ich muss mich über mich ärgern, weil ich für weit weg Termine angenommen habe in einem scheinbaren Niemandsland, und wenn es dann kommt, dann merkt man, dass man es eigentlich gar nicht tun kann. Also Anlässe gibt es da genug, leider."

Frage: „Was war denn aus Ihrer Sicht Ihr bislang bedeutendstes, vielleicht auch Ihr schönstes Erlebnis als Präfekt der Glaubenskongregation?"

Kardinal Ratzinger: „Ich würde gar nicht ein einzelnes Erlebnis herausstellen. Das Schönste ist, dass einem auf dem Petersplatz immer wieder Menschen begegnen, die einen erkennen und dankbar sind. Große und Kleine, Alte und Junge, und die sagen: ‚Ich habe etwas von Ihnen gelesen', ‚Ich habe Ihren Weg wahrgenommen'. Das hat mir geholfen. Und dass dann weltweit von Menschen, die ich gar nicht kenne, eine wirklich tiefe Herzlichkeit und Dankbarkeit auf mich zukommt und ich sehe, dass ich Geschwister und Freunde auf der ganzen Welt habe – das ist etwas, was mich dann wirklich stärkt und was dann das Amt immer wieder nicht nur erträglich macht, sondern auch wichtig und schön machen kann."

Frage: „Sie sind ja nicht nur ein deutscher, Sie sind vor allen Dingen ein bayerischer Kardinal. Nach 20 Jahren hier in Rom – wie ist das? Bekommt man da gewissermaßen Distanz zur bayerischen Heimat, oder bleibt das unverbrüchlich?"

Kardinal Ratzinger: „Nein, zu Bayern bekommt man nie Distanz. Das ist so tief in der Seele verwurzelt, dass das gar nicht sein kann. Das Bayerische und das Römische sind ja auch eng miteinander verflochten. In der Geschichte war zwischen München und Rom immer ein enger Austausch, so dass manche Italiener zu mir sagen: ‚Ma Monaco è ancora Italia' – ‚München, das ist ja eigentlich noch Italien.' Nun, das würde ich so nicht sagen, aber eine innere Verwobenheit der Geschichte, die gibt es, und dann: das, was einem den Ursprung gegeben hat, die ganzen Grunderfahrungen der Jugend, der Kindheit – das streift man nicht ab. Das bleibt die Wurzel, aus der man lebt."

Der Kardinal wird Papst

Wenn man heute die Restaurants und Trattorien rund um den Vatikan besucht, dann schmücken sich viele von ihnen mit einem selbsternannten Titel: „Stammlokal Seiner Heiligkeit Papst Benedikts XVI.“ Meist gibt es dazu ein gerahmtes Foto zu sehen, auf denen der Restaurantbesitzer mit Joseph Kardinal Ratzinger abgebildet ist, oder auch Zeitungsausschnitte, auf denen irgendwie eine Beziehung des Lokals zur Person des heutigen Papstes hergestellt wird. Derlei Dinge gibt es in anderen italienischen Städten auch, besonders in Neapel, wo sich immer noch beinahe jede Pizzeria in Vesuvnähe als Stammkneipe des wie ein Volksheld gefeierten ehemaligen Fußballspielers Maradona zu erkennen gibt.

Ich glaube nicht, dass diese Form der Verehrung nur kommerziellen Zwecken dient. Es ist schon auch der Stolz und die Ehre für die Restaurantbesitzer, dass ein so bedeutender Mensch wie der Papst hier einmal seine Pasta verspeist hat. Vielleicht sogar mehrmals. Es waren eben auch Zeiten, die nun unwiederbringlich vorbei sind. Käme Benedikt XVI. heute auf die Idee, aus seinem Apostolischen Palast heraus eben mal einen Spaziergang in eines seiner ehemals frequentierten Lokale außerhalb des Vatikans zu unternehmen, es wäre aus vielerlei Gründen schlicht nicht möglich. Schließlich käme so ein Spaziergang einem Staatsakt gleich. Diplomatische Vorbereitungen zwischen den italienischen und den vatikanischen staatlichen Behörden müssten lange zuvor getätigt werden, ein Sicherheitsplan müsste erstellt und unter Beteiligung aller dafür zuständigen Kräfte koordiniert werden. Damit wäre auch die rechtzeitige öffentliche Bekanntgabe eines solchen päpstlichen Spaziergangs erforderlich, was wiederum einen erheblichen medialen Rummel zur Folge hätte.

All das in Betracht ziehend, isst, so vermute ich, der Papst seinen Teller Nudeln lieber zu Hause. Dennoch glaube ich, dass Benedikt XVI. gerade diese Seite seines vorherigen römischen Lebens sehr vermisst; die entspannenden abendlichen Spaziergänge in den Gassen der Altstadt, das betrachtende Verweilen auf den malerischen Plätzen und vor mächtigen römischen Monumenten, die zwanglosen Treffen mit Kollegen oder Besuchern aus Deutschland wie der ganzen Welt, die spontane Entscheidung zur Einkehr in eines der zahlreichen römischen Restaurants. Die Annahme seiner Wahl im Konklave hatte ihren Preis; der Verzicht auf die Verfügbarkeit individueller Bewegungsfreiheit gehört dazu.

Ich selbst hatte davor auch einige Male Gelegenheit, in kleinerem Kreis zusammen mit Kardinal Ratzinger in Rom zu spazieren, in den Altstadtrestaurants zu Abend zu essen und über Gott und die Welt zu reden. So habe ich schließlich auch diese private Seite des Joseph Ratzinger kennengelernt; und wirklich schnell wurde mir klar, wie verzerrend das gerade damals in nicht wenigen Medien gerne gebrauchte Bild vom gnadenlosen Glaubenswächter, vom „Großinquisitor" oder auch „Fallbeil Gottes" war.

Wer versucht, gar nicht mal gewogen, sondern lediglich vorurteilsfrei das Aufgabenfeld eines Präfekten der Glaubenskongregation zu studieren, der wird schnell feststellen, dass man sich in diesem hervorgehobenen kirchlichen Aufgabenbereich alles, bloß keine Freunde macht. Von daher ist es auch der mit Sicherheit undankbarste Job in der ganzen vatikanischen Kurie – mit dem Präfekten sozusagen als vorgeschobenem Prellbock nach strittigen vatikanischen Entscheidungen, als Zielscheibe innerkirchlicher Kritik und als Watschenmann für die Medien. Das aber ist das Amt, in das – basierend auf dem Gehorsamsprinzip der katholischen Kirche – der Papst selbst einen nach seiner Meinung geeigneten Kandidaten beruft. Den Charakter dieses Amtes aber heute noch mit einer klischeehaft-historischen Betrachtungsweise von mittelalterlicher Großinquisition, gnadenloser Ketzerverfolgung und grausamer Hexenverbrennung auszustatten und dies eins zu eins auf den Charakter und die Persönlichkeitsstruktur des gegenwärtigen Amtsinhabers zu übertragen, das ist nicht mal mehr unzulässig verkürzt, das ist schlichtweg unfair.

Denn der Mensch Joseph Ratzinger hat mit diesem Zerrbild nicht das Geringste zu tun. In allen Begegnungen und Gesprächen, die ich mit ihm führen konnte, hat er sich immer als ausgesprochen liebenswürdiger, sympathischer und im Übrigen auch sehr feinsinnig-humorvoller Zeitgenosse gezeigt. Unmittelbar nach seiner Wahl zum Oberhaupt der katholischen Kirche, als die breite Öffentlichkeit gerade dabei war, sich für die Persönlichkeit des neuen Papstes zu interessieren, da sah man den vermeintlichen „Panzerkardinal", wie er tatsächlich lachte und winkte und mit entwaffnender Offenheit auf andere zuging – und wirklich langjährige Weggefährten werden bestätigen, dass er schon immer so gewesen ist.

Das langanhaltende positive Echo auf den neuen Papa tedesco, den deutschen Papst, der auch medial so sympathisch „rüberkam", ließ bald darauf zahlreiche Kommentatoren die Frage aufwerfen, ob es wohl das Papstamt sei, das diesen Joseph Ratzinger nunmehr so verändert haben könne. Damit umging man mehr oder weniger geschickt die eigentlich berechtigte, weil zur Selbstkritik nötigende Frage, ob man von diesem hohen kirchlichen Würdenträger jahrelang nicht ein völlig falsches Bild gezeichnet habe. Eine nachträgliche Korrektur oder gar Entschuldigung dafür habe ich jedenfalls nirgendwo gelesen.

Vom Buhmann zum Medienstar

Bis dahin hatte es – in der öffentlichen Wahrnehmung – den publizistisch häufig wenig freundlich behandelten „Obersten Glaubenswächter“ gegeben. Zumindest in Teilen der „Medienwirklichkeit“. Bestimmte Publikationen gefielen sich in der Rolle, Kardinal Ratzinger, wann immer sich die Gelegenheit ergab, zu attackieren und nicht selten mit Hohn zu überziehen. Beleidigende Bezeichnungen wie „Panzerkardinal“ oder „Fallbeil Gottes“ wurden häufig dann verwendet, wenn der Präfekt der Glaubenskongregation substantielle Entscheidungen in Glaubensfragen nach Abstimmung mit seinem Chef, Papst Johannes Paul II., veröffentlichte. Wie immer auch die Konsequenzen solcher Entscheidungen waren – das publizistische Risiko für Journalisten, auch schon vor einer genauen Lektüre erst mal polemisch draufzuschlagen, war stets gering gewesen. Man hatte wohl sehr genau damit gerechnet, dass sich Kardinal Ratzinger zu keinem Zeitpunkt mit juristischen Mitteln gegen Verunglimpfung oder Verleumdung wehren würde. Von daher war er der ständige, ideale Prügelknabe mit hohem Symbolcharakter für diejenigen, die auch den Papst oder die katholische Kirche insgesamt im Visier hatten.

Wie sehr sich diese Methode zum feststehenden Reflex entwickelt hatte, das zeigte sich sogar noch an dem Tag, als der Kardinal zum Papst gewählt worden war. Für eine große englische Boulevardzeitung war der Umstand, dass mit Joseph Ratzinger nun auch noch ein Deutscher auf den Stuhl Petri folgte, offensichtlich willkommener Anlass zu der inzwischen berühmt-berüchtigten Schlagzeile: „God’s Rottweiler is the new pope“ (Gottes Rottweiler ist der neue Papst). Oder – wie eine andere Zeitung titelte – noch brutaler: „From Hitler youth to Papa Ratzi“.

Dass der junge Joseph Ratzinger in den letzten Kriegswochen das Schicksal vieler Tausend Gleichaltriger teilen musste und als Sechzehnjähriger zum Dienst in einer Flak-Einheit der Wehrmacht einberufen wurde, das reichte für manche offensichtlich aus, um den neuen Pontifex Maximus der katholischen Kirche publizistisch im braunen Dunstkreis zwischen „Führer" und „Sieg Heil" zu platzieren.

Andere, gegenüber Papst und katholischer Kirche auch als einschlägig-kritisch bekannte Medien hingegen waren im Frühjahr 2005 mit einem Mal nicht mehr so mutig. Vor allem im deutschen Sprachraum. Der Tod Papst Johannes Pauls II., die anschließenden, millionenfachen Pilgerfahrten nach Rom und das riesige Interesse, das sich weltweit und über Wochen hin am Geschehen im und um den Vatikan herum rankte, das hatte gerade auch in Deutschland das Meinungsbild doch erheblich beeinflusst. So waren nach unzähligen Sondersendungen und intensiver Live-Berichterstattung aus Rom auf den heimischen Bildschirmen auch die fortwährenden Sympathiekundgebungen zu sehen gewesen, die dem neuen Papst hunderttausendfach in Rom entgegengebracht wurden.

Für plumpe und undifferenzierte Anti-Ratzinger-Reflexe schien nun definitiv die Zeit abgelaufen. In gewisser Weise war es in jenen Tagen auch durchaus amüsant zu beobachten, mit welcher Geschwindigkeit sich in manchen Medien eine Art Paradigmenwechsel vollzog. Eine neue Nachdenklichkeit, die geprägt war von bemerkenswerter Aufmerksamkeit für alles, was mit dem neuen Papst zusammenhing. Ein vorsichtiges publizistisches Herantasten an eine Sphäre, die man bislang kaum oder wenn schon, dann verlässlich negativ behandelt hatte. Schließlich stand bei einem solchen Manöver nichts weniger auf dem Spiel als die eigene journalistische Glaubwürdigkeit.

Andere hingegen waren da vollkommen skrupellos. Von jetzt auf gleich prangte der neue deutsche Superstar Papst Benedikt auf den Titelblättern von Illustrierten, die sonst an dieser Stelle üblicherweise nackte Haut oder billige Sensationsgeschichten verkauften. Von da an eben auch alles zusammen. Die ersten Wochen nach der Papst-Wahl lief dieses Geschäft anscheinend glänzend.

Die Bücher

Von einem Tag auf den anderen schossen auch die bislang bereits erschienenen Bücher des vormaligen Kardinals Ratzinger in den Literatur-Bestsellerlisten weltweit nach oben. Der ihm eigenen Kombination aus theologischem Sachverstand und rhetorischer Brillanz, der Gabe, bislang als kompliziert betrachtete Dinge auf einmal allgemeinverständlich offenzulegen – dieser Gabe ist es zu verdanken, dass auch seine erste päpstliche Enzyklika, „Deus caritas est", unmittelbar nach Erscheinen von einer breiten interessierten Öffentlichkeit weltweit gelesen wurde. Wann in der Vergangenheit hatte man so etwas schon einmal von einer Enzyklika gehört? Natürlich reizte auch das Thema: Dass ein Papst ein Lehrschreiben über die Liebe veröffentlichen würde, dies hatte schon im Vorfeld für großes Interesse gesorgt wie auch zu allerlei Spekulationen geführt.

Man muss an dieser Stelle auch an die Predigt erinnern, die Joseph Ratzinger als Kardinaldekan im Petersdom zur Eröffnung des Konklave gehalten hatte: an seinen engagierten Aufruf an die Gläubigen, sich nicht von allen möglichen „Denkmoden" treiben, sich nicht „von einem Extrem ins andere“ werfen zu lassen – „vom Marxismus in den Liberalismus, bis zum Libertinismus, vom Kollektivismus zum radikalen Individualismus, vom Atheismus zu einem vagen religiösen Mystizismus, vom Agnostizismus zum Synkretismus, und so weiter“. Auch seine Warnung vor einem „Zustand der Unmündigkeit“, in dem die Gläubigen verharrten, wenn sie sich der „Diktatur des Relativismus“ beugten, hatte bemerkenswerte Folgen. Nicht nur in theologischen, sondern auch in politischen, wirtschaftlichen und publizistischen Zirkeln war mit diesem Tag die sogenannte Relativismus-Debatte angestoßen; die ernsthafte öffentliche Diskussion darüber, was Werte eigentlich sind, wie sie sich definieren, und vor allen Dingen, ob wir sie als solche überhaupt noch wahrnehmen. Unmittelbar vor seiner Wahl zum Papst war es Joseph Ratzinger so auf Anhieb gelungen, einem bis dahin gesellschaftlich noch nicht wirklich breit diskutierten, aber gleichwohl höchst brisanten Thema weltweite Aufmerksamkeit zu verschaffen.

Dass ihm die vorangegangene, häufig wenig freundliche mediale Begleitung seines Wirkens als Präfekt der Glaubenskongregation persönlich zu schaffen gemacht hat, das wusste ich aus dem Interview „20 Jahre Präfekt der Römischen Glaubenskongregation“. Ansonsten hat er sich kaum dazu geäußert. Sicher aber ist, dass Joseph Ratzinger keinen großen Wert darauf gelegt hatte, im Rampenlicht der Öffentlichkeit zu stehen. Jedenfalls hat er in seinem damaligen Arbeitsfeld stets die Gefahr von Missverständnissen und Fehlinterpretationen gesehen, die aus einer verkürzten oder oberflächlichen Berichterstattung resultierten. Oft genug ging es ja um Themenstellungen und Sachzusammenhänge, die in der Ausarbeitung Kirchenrechts-Experten wochen- oder monatelang beschäftigten, noch im Ergebnis äußerst kompliziert erschienen und deshalb zunächst nach einer akribischen Lektüre verlangten. So viel Zeit aber ist im tagesaktuellen Mediengeschäft einfach nicht drin, das wissen alle Beteiligten. Ein kaum lösbarer Interessenkonflikt also, der zur Folge hatte, dass die Medien im Zweifel eher offensiv, die Behörde Kardinal Ratzingers eher defensiv reagierte, sobald sich abzeichnete, dass eine Entscheidung der Glaubenskongregation die Öffentlichkeit besonders beschäftigen würde.

Der Gang über den Petersplatz

Ausführlichere beziehungsweise exklusive Filmaufnahmen von Kardinal Ratzinger hatten in diesen Tagen im Wesentlichen nur zwei Fernsehsender: das Vatikanische Fernsehen CTV und das Bayerische Fernsehen. Denn schon lange vor dem jüngsten „Habemus Papam" existierte in Bayern – wie aber auch in anderen Bundesländern – eine zahlenmäßig beachtliche „Fangemeinde", die unter anderem in an den BR gerichteten Anrufen, E-Mail-Korrespondenzen oder Leserbriefen ein wirklich großes Interesse an allem signalisierte, was „unser Kardinal" in Rom denn gerade so machte. Von daher war es für die BR-Fernsehdirektion gar keine Frage gewesen, zum 70. Geburtstag Kardinal Ratzingers (wie natürlich auch anlässlich der späteren runden Jubelfeiern) den bedeutenden bayerischen Geistlichen in einer Sondersendung zu würdigen.

Um es vorwegzunehmen: Dabei kam eine wahre Sternstunde des deutschen Fernsehens heraus, eine „Begegnung in Rom" zwischen Joseph Kardinal Ratzinger und dem inzwischen leider verstorbenen August Everding. Ein in den Vatikanischen Museen produzierter, espritgeladener, intelligenter wie humorvoller Disput über Glaubensfragen, in dessen Verlauf die beiden Protagonisten ihrer Debattierfreude freien Lauf ließen.

Gewissermaßen als filmisches Entree zu dieser „Begegnung" hatten wir uns überlegt, den Kardinal bei seinem morgendlichen Weg zur Arbeit, also bei seinem Gang quer über den Petersplatz, mit der Kamera zu beobachten. Joseph Ratzinger hatte dazu eingewilligt, auch das übliche Verfahren zur Genehmigung der Dreharbeiten im Vatikan war erfolgreich abgeschlossen, und so stand ich mit Kameramann Franco und Tonassistent Michele zum vereinbarten Zeitpunkt am Morgen vor der Wohnung des Kardinals an der Piazza della Città Leonina. Geplant war, eine möglichst lange ununterbrochene Sequenz mit dem Kardinal zu drehen, bis zu seinem Eintreffen am Arbeitsplatz.

Weil wir wussten, dass wir diese Szene nur ein einziges Mal drehen konnten, hatten wir zuvor einen „Probelauf" unternommen. Michele mimte den Kardinal, und Franco ging mit der Kamera neben ihm her. Alles lief ohne Probleme, bis – ja, bis dieser „Vigile", ein Wachmann der vatikanischen Gendarmerie, auftauchte, uns stoppte und fragte, was wir hier machen. Wir sagten ihm, dass wir hier gleich „Sua Eminenza Cardinale Ratzinger" filmen würden und zeigten ihm die entsprechenden Unterlagen, die wir, wie üblich, bei der vatikanischen Medienbehörde eingereicht hatten, um jenen „Permesso", also die Dreherlaubnis zu erhalten. Gerade weil er dieses Schreiben so ganz genau und noch einmal und noch einmal studierte, beschlich mich ein gewisses Unbehagen. Erst nach ungefähr einer Minute Dokumentenstudium gab er uns das Papier zurück, grüßte zackig und sagte: „Tutto bene, grazie. Buon lavoro!" Sie ahnen vielleicht schon, was gleich kommt.

Just als wir Minuten später mit Kardinal Ratzinger über den Platz gegangen waren und eben erfolgreich in einer Filmsequenz das „Finale“, also das Betreten der Arbeitsstätte des Kardinals aufzeichnen wollte, da baute sich plötzlich jener Vigile genau so auf, dass Franco, der sich in diesem Moment mit der Kamera rückwärts bewegte, auf ihn aufprallte. „Permesso, per favore!“, rief er mit der ganzen Kraft seiner Autorität. Ganz sicher glaubte er in diesem Moment, etwas ganz Großartiges geleistet zu haben. Kardinal Ratzinger, der in diesem Moment schon arg unter Zeitdruck war, blickte zuerst ein wenig irritiert und warf uns dann einen verständnisvollen wie gleichzeitig bedauernden Blick zu. „Leider muss ich jetzt wirklich gleich in die Arbeit“, sagte er, grüßte kurz und verschwand im Dunkel des Portaldurchgangs.

Was dann folgte, hätte wohl in jeden Film von Federico Fellini Eingang gefunden. Ich sage das, weil ich das Glück hatte, mit Franco einen Kameramann zu haben, der tatsächlich noch für Fellini gearbeitet hatte. Und Francos Geduld war definitiv dann am Ende, wenn ihm jemand – noch dazu mutwillig – eine Filmszene versaute. Die Kanonade an sehr direkten Schimpfwörtern, die in einem Mischmasch aus abruzzesischem und römischem Dialekt auf den Vigile einprasselte, machte diesen zuerst sprachlos, dann blass und endete damit, dass dieser schützend die Hände vor sich hob und irgendetwas von „Missverständnis“ brabbelte. Dabei war Franco, ansonsten die Sanftmut in Person, mit seiner verbalen Abrechnung in diesem Moment noch lange nicht am Ende.

Das Tröstliche war zunächst, dass die genannte Filmsequenz nach prüfender Begutachtung in Qualität und Länge schließlich doch dem entsprach, was wir uns ursprünglich vorgestellt hatten – auch wenn das „Finale“ nicht mehr dabei war. Was wir damals aber noch nicht wissen konnten – eben jene Sequenz wurde acht Jahre später, mit der Wahl Kardinal Ratzingers zum Papst der katholischen Weltkirche, von zahlreichen Fernsehstationen in aller Welt angefordert und gesendet. Eine Szene, die plötzlich alle sehen wollten – Joseph Ratzinger am Morgen allein auf dem Petersplatz, gekleidet im priesterlichen schwarzen Habit mit der unter den Arm geklemmten Aktentasche, den Petersdom im Hintergrund – quasi die Visualisierung seiner Selbstbeschreibung beim „Habemus Papam“: „Ich bin nur ein einfacher, demütiger Arbeiter im Weinberg des Herrn.“

Joseph, der Römer

Die Kombination seines bajuwarischen Elements mit den langjährigen Erfahrungen italienischer Lebensart hat ihm auch eine bemerkenswerte Gelassenheit geschenkt, die sich zum Beispiel in der Gabe des geduldigen wie aufmerksamen Zuhörens gerade auch bei komplett theologiefernen Themen zeigt.

Er hat es sichtlich und wirklich genossen, an lauen Sommerabenden in geselliger Runde in einer Trattoria zu sitzen, das römische Ambiente auf sich wirken zu lassen und natürlich die italienische Küche zu genießen, wobei er sich auch da als echter Kenner ausgewiesen hat. Ich kann mich nicht erinnern, dass er für sich jemals etwas kulinarisch Aufwendiges bestellt hätte. Es waren immer die einfachen, die unprätentiösen, also die echten italienischen Gerichte gewesen, die er gewählt hatte. Zum Beispiel eine kleine Pasta al Pesto, ein gebratener Fisch ohne Beilagen, eventuell ein bisschen gedünstetes Gemüse, dazu Wasser. Ein Glas Wein war da schon die große Ausnahme, und wenn, dann ließ er es vom Kellner bestenfalls symbolisch füllen. An den Reaktionen der Restaurantbesitzer konnte man erkennen, wie sehr sie diese Wahrnehmung und auch Anerkennung von authentischer Gastronomie schätzten, abgesehen davon, dass sie vom allseits bekannten Kardinal Ratzinger kam.

Ebenso gab es auch Gelegenheiten zu gemeinsamen Ausflügen in das Umland von Rom, in die Castelli Romani etwa oder zum Urkloster des heiligen Benedikt nach Subiaco oder nach Umbrien zur Portiunkula-Kapelle nahe Assisi, worüber wir ebenfalls eine Meditation für das Bayerische Fernsehen erstellten.

Als Begleiter konnten wir dabei immer wieder nur staunen, welch unglaublich umfangreiches Detailwissen Kardinal Ratzinger auch von den italienischen Regionen, den Provinzstädten oder auch einzelnen Ortschaften hatte, besonders wenn sie – wie so vieles um Rom herum – in Beziehung zur Kirchengeschichte standen. Ehemalige fürstliche Residenzen, Burgen, Klöster, Kirchen, Kapellen, Grabmäler – er kannte sie einfach alle und auch die Geschichten, die sich um sie rankten, besonders wenn sie von Heiligen, von bedeutenden Kirchenmännern oder bemerkenswerten kirchenhistorischen Ereignissen handelten.

Summa summarum wollte er uns, glaube ich, einfach nur ausschnittweise und gleichzeitig beispielhaft vor Augen führen, in welcher Vielgestaltigkeit die christlich-abendländischen Traditionen diesen Kontinent geprägt haben und wie reich und lebendig das christlich-kulturelle Erbe Europas eigentlich immer noch ist – auch wenn heute kaum jemand mehr bereit ist, diese historischen Tatsachen auch als solche offiziell anzuerkennen. Dass Gott schließlich auch aus dem Europäischen Verfassungsvertrag hinauskomplimentiert wurde, hat Papst Benedikt XVI. sicherlich geschmerzt, aber wohl kaum überrascht. Er selbst hatte als Dogmatikprofessor an den verschiedenen deutschen Universitäten genau diese Entwicklung prognostiziert: eine zunehmende Entchristlichung Europas bei gleichzeitigem Zerfall kirchlicher Strukturen sowie einen kontinuierlichen Schrumpfungsprozess in den Kirchengemeinden selbst. Dass die Kirche selbst überleben wird, das hingegen ist für ihn überhaupt keine Frage. Jedenfalls keine der Sozialstatistik, sondern wenn schon, eine der Vorsehung.

Joseph, der Bayer

Ein ganz eigenes Kapitel ist die Beziehung Papst Benedikts zu seiner bayerischen Heimat. Die Traditions- und Heimatverbundenheit der Menschen, die in der aktiven Pflege der lokalen wie regionalen Lebensgewohnheiten aufscheint und ihren Ausdruck findet in den schier zahllosen Trachtengruppen und -vereinen wie aber auch in den Gebirgsschützenkompanien mit ihrer erklärten Nähe zur katholischen Kirche und da insbesondere zur Marienverehrung – das ist etwas, was Joseph Ratzinger selbst in seinen Kindheits- und Jugendtagen in Bayern als authentisch erlebt hat.

Sicherlich ist es auch die Erinnerung an eine zumindest in den ersten Lebensjahren ganz offensichtlich glückliche und erfüllte Kindheit, die dem heute über Achtzigjährigen immer noch so nachhaltig präsent ist. Denn wenn er davon erzählt, dann mit einer Begeisterung, einer Genauigkeit und auch Detailfülle, dass man glauben könnte, es wäre erst gestern gewesen.

Man darf davon ausgehen, dass er damals, als kleines Kind, ein Lebensumfeld vorgefunden hat, das er mit dem Erwachsenwerden für und mit sich selbst weitergetragen hat als Idealvorstellung eines erfüllten, gottgefälligen Lebens. Denn so sah sie aus, die Welt des kleinen Joseph Ratzinger: eine intakte Familie, eine vom Mysterium des Glaubens wie auch von bayerisch-barocker Farbenpracht belebte Kirche, eine allerorts praktizierte und identitätstiftende Traditionspflege, eine weite, alpenländisch wie auch mediterran beeinflusste Kulturlandschaft mit Menschen, die davon mental geprägt waren.

Dass diese kindliche Idylle längst massiv bedroht war durch eine perverse Ideologie mit ihrer stetig wachsenden Anhängerschaft, der der Gottesglaube nichts, die weltliche Macht aber alles bedeutete, auch das hat der junge Joseph schließlich miterlebt. Es muss für ihn eine ernüchternde, ja schockierende Erfahrung gewesen sein, wie skrupellos die Nazis sich des über lange Jahrhunderte gewachsenen heimatlichen Kulturguts bemächtigten und gleichzeitig den Kern dessen, was dieses Kulturgut bis dahin schützend ummantelt hatte, herausrissen, entkleideten und mit Hohn und Spott überhäuften. Dass ihm sein Glaube, der ihm von seinen Eltern vorgelebt und behutsam, Schritt für Schritt, nahegebracht worden war, plötzlich nichts mehr wert sein sollte. Dass er sich bald schon in einer Welt wiederfand, in der er immer häufiger bloßgestellt und ausgelacht wurde, wenn er seinen Berufswunsch – Pfarrer – nannte.

Dass es aber andererseits seine Familie war, die ihn angesichts einer höchst ungewissen Zukunft aufgefangen, gehalten und womöglich auch vor der persönlichen Resignation bewahrt hat, das steht außer Zweifel. Hier, in der Erfahrung familiärer Geborgenheit, tiefer Gottgläubigkeit und dem unerschütterlichen Vertrauen, dass man sich selbst in schwierigen Zeiten aufeinander verlassen konnte, liegt der Schlüssel für seine konservativ-wertorientierte Weltsicht. Und dass schon draußen vor der Haustür eine verbrecherische Ideologie dabei war, alles zu zerstören, was ihm bereits als Kind in seiner Heimat als wahr, schön und gut bewusst geworden war, das hatte sein tief katholisches Sendungsbewusstsein nur noch verstärkt. Man darf sich die Angst und Verzweiflung der Eltern schon vorstellen, als schließlich auch noch der „Bub“ mit seinen erst 16 Jahren gegen Ende des längst verlorenen Krieges und zusammen mit vielen anderen Gleichaltrigen als „letztes Aufgebot“ in die Wehrmacht gepresst wurde. Dass er vor einem schrecklichen Ende als Kanonenfutter in einer Flak-Einheit bewahrt wurde, möchte Papst Benedikt auch heute noch einer gnädigen Vorsehung verdankt wissen.

Nach der Befreiung Deutschlands vom Nazi-Joch muss es dem jungen Theologiestudenten Joseph Ratzinger deshalb auch als göttliche Fügung erschienen sein, dass die ihm seit seiner Kindheit so vertrauten heimatlichen Strukturen zwar schwer gelitten hatten, aber nicht vollkommen zerstört worden waren. Er wie auch sein Bruder Georg lebten auf in der Hoffnung, dass das Land, dem sie sich so verbunden fühlten, nun die Chance zu einem Neuanfang bekam. Einem Neuanfang, den sie sich idealerweise als Rückbesinnung auf die Werte einer Gesellschaft vorstellten, die Gott nicht ausklammerte, sondern als zentralen Bestandteil ihrer wahren Identität wiedererkannte.

Die identitätstiftende Symbolik, mit der Bayern nun wirklich reich gesegnet war, war allerdings immer noch schwer belastet durch den langjährigen nationalsozialistischen Missbrauch. Während er Millionen Juden in Konzentrationslagern ermorden ließ, posierte Massenmörder Adolf Hitler für die heimische Propaganda vor alpenländischer Kulisse in Lederhosen und mit Schäferhund. Und so neben ihm dann auch die Nazi-Bonzen sowie jede Menge Mitläufer und Sympathisanten: Bilder, die um die Welt gingen und das personifizierte Böse zeigten zusammen mit Symbolen der Kulturtradition des Alpenlandes. Ein verheerendes Negativ-Image, unter dem nicht zuletzt auch die bayerischen wie österreichischen Trachten- und Traditionsvereine noch jahrzehntelang leiden sollten.

Dass es im Nachkriegs-Bayern schließlich dennoch gelang, die ursprünglichen Kulturtraditionen zu retten und innerlich wieder zu reinigen, basierte auf der damals noch gemeinsamen Überzeugung in Politik, Kultur, Wirtschaft und Gesellschaft, dass diese Identität historisch wie inhaltlich fest mit dem Christentum verwurzelt ist. Von daher erlebten sowohl die ländlichen Regionen wie auch die Städte Bayerns eine Renaissance ihres eigenen Kulturguts, das, endlich entideologisiert, auf den originären Weg zurückgebracht schien. Das Bewusstsein hierfür mag sich vor dem aufziehenden Ost-West-Konflikt sogar noch verstärkt haben, denn nach der Katastrophe des Zweiten Weltkriegs standen auch unmittelbar an der Grenze zu Bayern schon wieder die Vorboten eines totalitären Regimes, die Armeen der Sowjetunion.

Für den jungen Theologen, Universitätsdozenten und späteren Dogmatikprofessor Joseph Ratzinger jedenfalls war der Umstand, dass die christlichen Strukturen in Bayern der gewaltigen nationalsozialistischen Bedrohung nicht nur standgehalten hatten, sondern sich nach deren Überwindung auch gestärkt wiederfanden, ein weiterer Beweis, dass Gott die Menschen, die sich ihm zuwenden und sich zu ihm bekennen, nicht fallenlässt. Von daher rührt auch seine große Sympathie für alle Formen echter bajuwarischer Volksfrömmigkeit, die sich nicht im Büßergewand oder intellektuell verklausuliert (auf Bayerisch: „verkopft“) präsentiert, sondern vielmehr ländlich wie städtisch traditionsbewusst, bunt, lebensfroh, dankbar und gleichzeitig demütig. Was auch heute noch im Land selbst akzeptiert wird: Nur in Bayern gibt es

Radio-Verkehrsdurchsagen mit aktuellen Informationen, wo gerade sich Pilgergruppen z. B. auf dem Weg nach Altötting befinden. Ein Jubiläumsfest einer Freiwilligen Feuerwehr ohne Festmesse mit kirchlicher Fahnenweihe wäre genauso unmöglich wie eines ohne Bierzelt. Dass man in Bayern besonders zur Fastenzeit Bier trinkt, noch dazu ein besonders starkes, das geht für Joseph Ratzinger theologisch ebenso in Ordnung wie der Umstand, dass die Bayerischen Gebirgsschützen auch in der Kirche ihren Hut aufbehalten – mit Ausnahme der Wandlung.

Eine „Explosion der Freude“

Überhaupt die Gebirgsschützen: Mit ihnen verbindet Papst Benedikt XVI. etwas, das er zweifellos mit seinen glücklichen Kindheitstagen in Beziehung bringt ebenso wie mit den bitteren Erfahrungen der Kriegsjahre. In ihnen sieht er vielleicht sogar beispielhaft die Notwendigkeit des Erhalts von Traditionen bestätigt, die weltliches und kirchliches Leben nicht als konträr betrachten, sondern vielmehr in sich vereinen. Weil die Gebirgsschützen – historisch betrachtet – aus einem verzweifelten Befreiungskampf hervorgegangen sind, den im frühen 18. Jahrhundert eine völlig ausgezehrte und brutal ausgebeutete bayerische Bauernschaft gegen die österreichischen kaiserlichen Besatzer anstrengte, gelten sie heute als die Lordsiegelbewahrer des einzig authentischen bayerisch-freiheitlichen Patriotismus. Dass ihre geistigen Vorfahren im Jahr 1705 in der „Sendlinger Mordweihnacht“ von den kaiserlichen Truppen nahezu vollständig massakriert wurden, verfestigte nur noch jenen Mythos, wonach der Bayer keinen anderen Herrn akzeptiert – außer Gott. Auch heute noch zeigen die Fahnen der zahlreichen Gebirgsschützenkompanien keine herrschaftlichen Symboliken, sondern nur ein zentrales Motiv: die Patrona Bavariae, die Gottesmutter als Schutzpatronin Bayerns und als Fürsprecherin aller Bayern beim „Himmivater".

Das alles imponierte Joseph Ratzinger derart, dass er sich – inzwischen schon Kardinal – eines Tages bei der Tegernseer Gebirgsschützenkompanie als Ehrenmitglied aufnehmen ließ. Seitdem gab es eine ganze Reihe von denkwürdigen Begegnungen, während derer der Kardinal und schließlich der Papst regelmäßig seine Liebe zum Bayernland bekannte und seine Sympathie zu seinen Menschen, seinen Traditionen und Überzeugungen. Als im Jahr 1997 schließlich sein 70. Geburtstag anstand, da war sich der Vorstand respektive die Hauptmannschaft der Bayerischen Gebirgsschützenkompanien schnell einig, dem Präfekten der Glaubenskongregation in Rom eine Art Geburtstagsständchen zu präsentieren. 400 Schützen mit Familienanhang, mehrere Blaskapellen und der sogenannte Salutzug der Tegernseer Gebirgsschützen machten sich in einer beeindruckenden Autobuskolonne auf den Weg über den Brenner in die Ewige Stadt.

Was heute im römischen Stadtbild seit der Wahl des Papstes aus Bayern nichts Ungewöhnliches mehr ist, das war damals noch die pure Exotik: Lederhosen vor dem Pantheon, Lederhosen auf der Piazza Navona, Lederhosen am Trevi-Brunnen – überall Lederhosen und natürlich auch die Trachten der Damen. Dazu Blasmusik. So mancher Römer blickte sich verwundert um. Wo kommen die alle her? Hatte man irgendetwas Wichtiges in den Nachrichten verpasst? Aber auch die Gebirgsschützen machten neue, interessante Erfahrungen. Zum Beispiel, dass es 50 Mark kostete, wenn man sich auf der Piazza Navona in eines der Cafés setzte und dann eine Maß Bier bestellte. Oder dass sich selbst in den tiefen Seitentaschen der Lederhosen Geldbeutel in Luft auflösen können.

Ein besonderes Bild war es dann aber schon, als am 16. April unter einem strahlend blauen römischen Himmel (sorry) und unter den Klängen des Bayerischen Defiliermarsches alles in Tracht und Montur und mit bunten Fahnen über den Petersplatz marschierte und hinein in den Apostolischen Palast, wo Kardinal Ratzinger in einem Saal für die Gäste aus Bayern einen Empfang vorbereitet hatte. Denn sogar der Papst selbst wollte dort seinem wichtigsten Kurienmitarbeiter die Ehre erweisen.

Die Festmesse mit Kardinal Ratzinger hingegen war erst für den Nachmittag geplant, in Santa Maria in Trastevere. Das ist ein ganzes Stück entfernt vom Vatikan. Ursprünglich war der Transport in Bussen vorgesehen gewesen, aber aus irgendeinem Grund kamen sie nicht, steckten vielleicht im Stau. „Pfiffkaas“, rief da einer aus der wartenden Schützenmenge, „jetz gehnma einfach z'Fuas! Musi, spui auf!“ Und schon schmetterte die Blaskapelle einen Marsch, und sogleich formierte sich ein Trachten- und Schützenzug von beachtlicher Länge, der sich auch sogleich direkt auf die Hauptverkehrsstraße am Lungotevere zubewegte. „Ja, san die narrisch?“, rief ein ranghöherer Schütze, der noch am Petersplatz stand, „die kennan doch net einfach losmarschiern!“ Aber da war es schon zu spät. Mit größter Selbstverständlichkeit wanderte der farbenprächtige Zug, der nunmehr ganz offiziell den Status einer illegalen, weil nicht angemeldeten Demonstration erworben hatte, mitten auf einer der meistbefahrenen römischen Straßen in Richtung Trastevere. Keiner in diesem Zug hatte offensichtlich die geringste Vorstellung davon, welcher bürokratische Ärger und vor allen Dingen welche Bußgelder auf die Verantwortlichen zugekommen wären, wäre jetzt der „falsche“ städtische Beamte aufgetaucht. So aber gingen sie freundlich winkend an den wartenden Autofahrern vorbei, die ebenso freundlich zurückwinkten, und sie winkten auch den Menschen zu, die nun an ihren Fenstern standen und das Spektakel interessiert beobachteten. „Bravo, bravo“, riefen manche herunter und klatschten im Takt der Blasmusik, deren Klänge in den schließlich immer enger werdenden Gassen des Viertels umso mächtiger widerhallten.

Auch Kardinal Ratzinger, der bereits am Eingang zur Kirche Santa Maria in Trastevere gewartet hatte, blickte erst ein wenig überrascht, dann aber strahlte er über das ganze Gesicht. Was ihm da so voluminös und spektakulär entgegenkam, das war Bayern – sein Bayern, das nicht nur mit der hundertfachen Fülle originaler Trachten und historischer Fahnen, sondern vor allem mit dem Bewusstsein tief verwurzelter Gläubigkeit, die diese Menschen aus der Heimat mitbrachten, in diesem Moment in Rom vor Selbstbewusstsein und Lebensfreude nur so strotzte.

Den Höhepunkt des Ganzen aber hatten sich die Tegernseer Schützen reserviert. Weil sie sich in den Kopf gesetzt hatten, ihrem Ehrenmitglied in Rom nach der Festmesse auch einen Ehrensalut zu schießen, hatten sie schon Wochen zuvor den Weg ins italienische Behördenlabyrinth angetreten. Was folgte, war ein bürokratischer Dschungelkrieg, in dem sie bald hoffnungslos verloren gewesen wären, hätte nicht wieder der Sekretär des Kardinals, Josef Clemens, entscheidende „Schützenhilfe“ geleistet. Trotzdem war es bis zuletzt ein Tauziehen mit den italienischen Behörden gewesen, die die Genehmigung zur Einfuhr von einem knappen Dutzend Karabinergewehren sowie der Salut-Platzpatronen mit immer neuen Auflagen verknüpften. Zuletzt aber klappte sogar das, denn man einigte sich darauf, dass die Ehrensalven nicht direkt auf italienischem, sondern auf exterritorialem Gebiet abgefeuert werden sollten.

Da es unweit der Kirche in Trastevere ein solches Areal gibt, das diesen Bedingungen entspricht, verlegte man also einen Teil der Geburtstagsfeierlichkeiten dorthin. Und während die Ansprachen gehalten und Geschenke überreicht wurden, packten die Tegernseer Schützen ihre bis dahin ordnungsgemäß versiegelten Gewehre inklusive Munitionspäckchen aus und stellten sich schon mal in Formation. Dass Kardinal Ratzinger zuvor die Gebirgsschützen daran erinnert hatte, dass das für sie übliche Tragen von Gewehren nur noch symbolischen Charakter habe, da sie vielmehr mit ihren Überzeugungen die Werte ihrer Heimat verteidigen sollten, das hinderte ihn nicht daran, den Akt des Salutschießens zu Fest- und Feiertagen, bedeutenden Jubiläen wie eben auch zu Geburtstagen als Ausdruck von Festtagsstimmung, als „Explosion der Freude“ zu bezeichnen. Das ließ sich der Salutzug der Tegernseer Gebirgsschützen nicht zweimal sagen. Als wenige Sekunden später die Ehrensalve in den römischen Himmel donnerte, war die Freude nicht nur weithin zu hören, sie grüßte auch hundertfach zurück: durch die jaulenden Alarmanlagen Trasteveres.

Schwarz, Weiß oder Grau? Man weiß es nicht genau ...

Eine der schwierigsten und auch längsten Minuten meines Journalistendaseins durfte ich durchleben, als am 19. April 2005 kurz vor 18 Uhr erneut Rauch aus dem Kamin der Sixtinischen Kapelle quoll, das Zeichen, dass man zuvor im Konklave einen Wahlgang beendet und einen neuen Pontifex Maximus der katholischen Weltkirche erkoren hatte – oder auch nicht. Schwarz oder Weiß – das war die alles entscheidende Frage. Ich stand zu jenem Zeitpunkt auf einer Reporterposition an der Piazza Pio XII., also dem Platz, der der vatikanischen Piazza San Pietro unmittelbar vorgelagert ist. Die Europäische Rundfunk-Union (EBU) hatte dort nach Verhandlungen mit der römischen Stadtverwaltung die Genehmigung zur Errichtung eines dreistöckigen Gerüsts erhalten, das zahlreichen Reporterinnen und Reportern aus der ganzen Welt sogenannnte Standup-Positionen für Livekommentierungen anbot. Man hatte da zwar einen Traumblick auf den Petersplatz und die Basilika, nicht aber auf eben jenen Kamin. Mit dieser sehr unglücklichen Situation war ich nicht allein, die meisten Kolleginnen und Kollegen der anderen Sender waren in der gleichen misslichen Lage. Lediglich die italienische RAI hatte – warum auch immer – die besten Positionen auf dem obersten Stockwerk erhalten, von wo aus man den Kamin sehen konnte. Als Alternative hatte man uns ein Livebild auf die vor uns positionierten Monitore gesetzt, eine Nah-Einstellung des Camino, die eine Kamera mit Teleobjektiv vom gegenüberliegenden Dach aufzeichnete.

Als es eben so weit war, da starrten ich und auch alle anderen Fernsehleute in den benachbarten Live-Positionen hektisch-gebannt auf die Monitore, um zu erkennen, was da eigentlich nun rausqualmte. Das Problem war: In diesem Moment fing die Telekamera den Kamin im direkten Gegenlicht ein, und der Rauch, der nun entstieg, ließ aus diesem Blickwinkel keinerlei Farbnuancen erkennen – außer Grau. Ob er in Wahrheit nun schwarz oder weiß war, ob grün, gelb oder knallrot – man konnte es einfach nicht erkennen. Er sah einfach nur grau aus. Können Sie sich vorstellen, wie man sich als Live-Reporter in einer solchen Situation fühlt? Wenn man weiß, dass Millionen Zuschauer live dabei sind in einem Moment, in dem man gerade Gefahr läuft, möglicherweise eine gigantische Falschmeldung in die Welt zu setzen? War dieses Grau nun eher dunkelgrau, oder waren da eben Schwaden von Hellgrau?

Es war wie die bekannte Kino-Alptraumszene mit dem Bombenentschärfungskommando, wenn man nur noch wenige Sekunden bis zur Detonation hat und nicht weiß, ob man nun das weiße oder das rote Kabel durchzwicken soll. Plötzlich hysterisches Gekreische auf dem Petersplatz, aber nur aus einer Ecke, das Gros der vielen Zehntausend Menschen dort starrt weiterhin stumm in eine Richtung. Aha, die sehen es also auch nicht genau. Schon tags zuvor hatte es nach den ersten beiden Wahlgängen im Konklave Rauchzeichen gegeben, die ebenso alles andere als eindeutig zu erkennen gewesen waren. Wieso, dachte ich mir damals, nehmen die nicht einfach Signalkartuschen von der Bundeswehr? Ring abziehen, rein mit dem Ding in den Ofen, und man bekommt ein schwarzes Schwarz oder aber ein Weiß, weißer geht's gar nicht. Aber nein, sie müssen ja ihre Wahlzettel verbrennen.

Dann schließlich doch merklich ansteigender Jubel auf dem Petersplatz mit Menschen, die anfangen zu tanzen und zu singen. Ja, jetzt sieht man es auch auf dem Monitor genauer: ein mehrheitlich helles Gegenlicht-Grau, das durchaus Weiß sein könnte. Quälende Kommentatoren-Minuten, die ihr Ende aber erst dann finden, als sich – spät, aber doch – schließlich auch der Schwengel der großen

Glocke links oben in der Petersdomfassade in Bewegung setzt und damit urbi et orbi verkündet: Habemus Papam! ... Uff!

Der neue Sekretär

Mit dem neuen Papst gab es aber auch noch einen weiteren Deutschen, der sich unversehens auf den Titelblättern der Weltpresse wiederfand. Georg Gänswein hatte im Jahr 2003 die Nachfolge des langjährigen Privatsekretärs Kardinal Ratzingers, Josef Clemens, angetreten, seit dieser von Papst Johannes Paul II. zunächst zum Subsekretär der Kongregation für die Ordensleute und ein Jahr darauf zum Bischof und Sekretär des Päpstlichen Laienrates befördert worden war. Gänswein war ähnlich wie Clemens schon seit Jahren mit den römischen wie vatikanischen Gegebenheiten vertraut: nach seiner Promotion in München und einer Zwischenstation als Domvikar im Erzbistum Freiburg war er im Jahr 1995 nach Rom berufen worden, um hier schließlich in der Glaubenskongregation zu arbeiten und daneben noch einem Lehrauftrag an einer katholischen Universität nachzukommen.

Quasi im Sog des „Habemus Papam“ wurde auch Gänswein von jetzt auf gleich ins Rampenlicht katapultiert. „Wer ist denn der hinter dem Papst?“, war die Standardfrage in den ersten Tagen nach der Wahl; und noch bevor man den Namen kannte, war aufgefallen, dass „der Neue“ ausgesprochen smart und telegen wirkte. Über seine jugendlich-sportive Erscheinung und sein offenes, gewinnendes Lächeln sind vor allem in Frauenzeitschriften seitenlange Artikel erschienen, in denen er – je nach Altersstruktur der Leserschaft – wahlweise als neuer „Richard Chamberlain“ oder auch als „George Clooney des Vatikan“ umschwärmt wurde. Dass die Position des Sekretärs an höchster Stelle im Kirchenstaat hingegen Lichtjahre von Hollywood und Glamour entfernt ist, das erkennt jeder, der zum einen das immense Arbeitspensum des Papstes mitverfolgt; aber auch, dass all dies in seinem unmittelbaren Arbeitsumfeld Tag für Tag zeitlich wie organisationstechnisch zentral vorbereitet und strukturiert sowie vatikanintern zwischen den einzelnen Instanzen koordiniert werden muss, weitergehende päpstliche Aktivitäten wie die Apostolischen Reisen noch gar nicht mal mitgerechnet.

Erste Reisen setzen Akzente

Als aus Joseph Kardinal Ratzinger Papst Benedikt XVI. geworden war, da war er – drei Tage zuvor – gerade 78 Jahre alt geworden. „Ganz klar“, so hörte ich damals vielfach aus Kollegenkreisen, „das kann nur ein Übergangspontifikat werden“; und: „Was kann ein 78-Jähriger schon noch groß bewegen?“ Und als so gut wie sicher galt: „Reisen wird der nicht mehr, jedenfalls nicht so wie sein Vorgänger …“

Zuerst zu St. Nikolaus

Bereits einen Monat später, am 29. Mai, erhob sich ein weißer Hubschrauber der Aeronautica Militare, der italienischen Luftwaffe, mit dem Papst an Bord in den berühmten strahlend blauen römischen Himmel (sorry). Ziel dieser ersten Pastoralreise Papst Benedikts war die süditalienische Hafenstadt Bari. Warum ausgerechnet Bari, hatten sich viele der Papst-Experten, der „Vaticanisti“ gefragt, die inzwischen merklichen Zuwachs aus den deutschsprachigen Ländern erfahren hatten. Man kannte die apulische Metropole, weil sie in der jüngeren Vergangenheit häufig mit zwei journalistischen Themenschwerpunkten in Verbindung gebracht worden war: als Sammelplatz für zehntausende Flüchtlinge, die während des Balkankrieges in windigen Kähnen über die Meerenge von Otranto an den italienischen Küsten gestrandet waren, oft auch noch von skrupellosen Schleuserbanden ihrer armseligen Habe beraubt. Und dann ging es auch um das Thema Europäische Sicherheit: Grauenhafte Geschichten waren zu hören von albanischen Banden, die unter Mitwirkung der apulischen Mafia in Bari und Brindisi die Mittellosen weiter auspressten, albanische Kinder verschleppten und verkauften, Jugendliche in die Prostitution zwangen und darüber hinaus viele der Illegalen weiter nach Mitteleuropa schleusten, vorzugsweise nach Deutschland und Frankreich. Wiederholt hatten italienische Politiker Europa aufgefordert, diese Zustände zu unterbinden durch verbesserte internationale Zusammenarbeit bei der Grenz- und Küstenkontrolle.

Alles andere als eine sorgenfreie Zone also für diesen ersten Papstbesuch, den viele auch als einen ersten Stimmungstest interpretierten. Schließlich kam da nach dem langen Pontifikat des in Italien sehr beliebten Polen Johannes Paul II. nun ein deutscher

Pontifex in den Mezzogiorno. Würden die Süditaliener anders reagieren als etwa die Römer?

Von diesen jedenfalls war Papst Benedikt nicht erst beim Habemus Papam frenetisch umjubelt worden. Schon als er zuvor anlässlich des Requiems für Papst Johannes Paul II. am 8. April 2005 in seiner Predigt auf dem Petersplatz jenes berühmt gewordene Bild gebrauchte („Für uns alle bleibt es unvergesslich, wie der Heilige Vater, vom Leiden gezeichnet, am letzten Ostersonntag seines Lebens noch einmal am Fenster des Apostolischen Palastes erschienen ist und zum letzten Mal den Segen ‚Urbi et Orbi' erteilt hat. Wir können sicher sein, dass unser geliebter Papst jetzt am Fenster des Hauses des Vaters steht, uns sieht und uns segnet. Ja, segne uns, Heiliger Vater."), da war das Eis auch bei jenen gebrochen, die Papst Benedikt solch italienisches „Sentimento", jenes Erfassen und Erfühlen oft momentaner Stimmungslagen, nicht zugetraut hatten. Dafür aber lebte und arbeitete der vormalige Präfekt der Glaubenskongregation schon zu lange in Italien, als dass er sich nicht der Wichtigkeit solch sensibler Wahrnehmungs- wie auch Ausdrucksfähigkeiten bewusst geworden wäre. Nicht nur, dass er die italienische Sprache grammatikalisch perfekt beherrscht, er weiß auch virtuos mit ihr umzugehen, wie im Übrigen auch mit den zahlreich vorhandenen italienischen Dialekten.

In der deutschen Medienlandschaft machte man sich damals nur sehr fragmentarisch Gedanken über die möglichen Inhalte dieses ersten „inneritalienischen" Viaggio Papale nach Bari, denn noch bewegte man sich durchaus selbstbeschäftigt in einer Phase publizistischer Goldgräberstimmung, das heißt des Sammelns und Verwertens aller möglichen Geschichten, die irgendwie mit der Vita des bayerischen Pontifex Maximus zu tun hatten oder auch nur eventuell haben konnten. Dazu gehörten auch Porträts von

Menschen aus dem näheren und weiteren Umfeld des vormaligen Kardinal Ratzinger. Und hier war es mitunter auch sehr amüsant zu verfolgen, zu welch eitlen Verrenkungen so manche „Bekannte" aus dem, wenn überhaupt, eher weiteren Umfeld im Stande waren. Da wimmelte es in den publizistischen Selbstbeschreibungen nur so von „langjährigen Weggefährten", „guten Freunden" oder gar „Papst-Vertrauten"; so sehr, dass man den Eindruck gewinnen konnte, der Papst benötige gar keine Kurienkardinäle mehr, besaß er doch schon einen perfekten Laien-Beraterstab.

Dass Papst Benedikt gleich mit dieser ersten Pastoralreise weniger einen Etappenpunkt als vielmehr einen Brückenkopf der Ökumene errichtete, das erkannten damals nicht alle auf Anhieb. Bari ist die Patronats-Stadt des heiligen Nikolaus; seine Gebeine ruhen in der San-Nicola-Basilika in der Altstadt. Es ist jener Nikolaus, von dem die Weltöffentlichkeit vor allem vor und an Weihnachten Notiz nimmt: als Schokoladefigur in den Supermarktregalen oder auch, wenn er als Fernseh-Comicfigur „Santa Claus" oder als „Weihnachtsmann" bei Mickey Maus und Donald Duck auftaucht, mit einem Rentiergespann durch die Lüfte reitet, geschenkebeladen durch den Kamin rauscht oder auch als „lebendige" verkleidete Blaupause vorbeieilende Passanten in den vorweihnachtlichen Fußgängerzonen nervt. Denn der ihm angedichtete Ausruf „Ho ho ho!" ist mehrheitlich die einzige „Botschaft" geblieben, die Millionen Menschen von ihm kennen.

Nun also soll dieser Mann, dieser Nikolaus, also doch tatsächlich auch gelebt haben? Keine Fantasy- oder Comic-Figur? Und warum fährt der Papst dann nicht vor Weihnachten, sondern im Frühjahr dorthin, nach Bari? Fragen über Fragen.

Als ich mit meinen Kollegen vom ARD-Studioteam einen Tag vor dem Papstbesuch in Bari ankam, da wusste ich auch nur vergleichsweise wenig von der immer noch intensiven Verehrung, die der heilige Nikolaus in dieser Region genießt. Bei den Alten wie bei den Jungen, denn die Lebensgeschichte des Heiligen gehört zum Pflichtprogramm im Religionsunterricht der Grundschulen. Gerade als wir die San-Nicola-Basilika besichtigten, kam eine Schulklasse mit sechs- oder siebenjährigen Pimpfen herein. So lärmend und ausgelassen sie in den Straßen und Gassen für gewöhnlich sind, hier drin waren sie ganz still und hörten sich artig an, was die Lehrerin ihnen im Flüsterton erzählte. Denn ähnlich wie die Apostelbrüder Petrus und Andreas, so ist auch Nikolaus ein sogenannter „wichtiger" Heiliger in der westlichen römisch-katholischen ebenso wie in der östlichen orthodoxen Kirche. Er ist eine Integrationsfigur, geradezu ein Idealtypus der Ökumene, in West und Ost gleichermaßen zu Hause, von Orthodoxen und Katholiken gleichermaßen verehrt. Aber auch in der evangelischen wie der anglikanischen Kirche wird am 6. Dezember des Nikolaus von Myra gedacht.

Diese Dimension hatte man in manchen der kommentierenden Vorberichte und Einschätzungen zur ersten Pastoralreise des neuen Papstes eher weniger beachtet. Zu groß war einfach noch der Medienrummel allein um die Person Benedikt XVI. Hauptsächlich nur in den Fachagenturen war etwas zu erfahren gewesen über die tatsächlich großen Gemeinsamkeiten gläubigen Lebens zwischen der „weströmischen" und der „oströmischen" Kirche, über die Möglichkeiten einer ökumenischen Annäherung und über die Rolle des heiligen Nikolaus, dessen lebendige gemeinsame Verehrung durch die Gläubigen eine jahrhundertealte Tradition hatte. Das Schisma des Jahres 1054 mit der Folge der Trennung in West- und Ostkirche, auch wenn es formal von der Ortskirche von Konstantinopel und Rom im Jahr 1965 als überwunden erklärt worden war, es überlebte hingegen in der allgemeinen Betrachtung der Beziehungen zwischen beiden Kirchen;

denn nicht die Gesamtheit der orthodoxen Patriarchate hatte diesem Versöhnungsakt zugestimmt.

Papst Benedikt XVI. war die Überraschung ins Gesicht geschrieben, als er dem Hubschrauber auf dem Landeplatz neben dem improvisierten Gottesdienstgelände entstieg. 200.000 Apulier begrüßten den Nachfolger Papst Johannes Pauls II. mit einer Begeisterung und einem Temperament, dass die Sicherheitsleute sichtlich Mühe hatten, die kreischenden und Fahnen schwingenden Massen unter Kontrolle zu halten.

Was er dann während der Festmesse in seiner Predigt den Anwesenden ans Herz legte, das war nicht etwa ein akademischer Vortrag über den Sinn von Ökumene oder über die Notwendigkeit einer Annäherung zwischen den Kirchen in Ost und West – es war vielmehr ein ganz einfaches Anliegen in Sichtweite des Grabes des heiligen Nikolaus: „Helft dabei mit, den Sonntag heilig zu halten“, rief er den Menschen zu, und: „Lasst nicht zu, dass der Tag des Herrn einem hemmungslosen Konsum- und Profitdenken geopfert wird.“

Wenn es etwas gibt, das Christen aller Konfessionen aus ihrem unmittelbaren Lebensumfeld kennen, dann ist es genau das. Sie haben schon längst die Erfahrung gemacht, dass dieser Tag, der lange Zeit als „Tag des Herrn“ als unantastbar galt, als Tag der Ruhe, der Erholung, der Besinnung und der Zeit für die Familie – dass dieser Tag nunmehr von allen Seiten angegraben, unterminiert und ausgehöhlt wird. Dass er immer mehr zum ganz normalen Werktag mutiert, an dem gearbeitet wird, an dem die Geschäfte geöffnet haben, an dem die Kasse brummt. An dem einen die Fernsehwerbung anschreit wie an anderen Tagen auch und an dem man auch selbst der Versuchung erliegt, den Großeinkauf im Supermarkt zu erledigen, weil es eben doch sehr angenehm und bequem ist, einkaufen zu können, wann immer man will. Dass man auf diese Weise nicht nur andere, sondern letztlich auch sich selbst beraubt und ausbeutet, das verstehen orthodoxe genauso wie protestantische, katholische ebenso wie anglikanische Christen. Es war dies die unmittelbare Anknüpfung an jene „Werte“-Debatte, die Papst Benedikt XVI. kurz zuvor in Rom mit seiner aufsehenerregenden Rede zu Beginn des Konklaves in seiner damaligen Funktion als Kardinaldekan angeregt bzw. angestoßen hatte.

Dass er gerade diesen Aspekt, den Appell zum Schutz des Sonntags, an diesem Ort, der Patronatsstadt jenes Ökumene-Heiligen vorgetragen hatte, dies war ebenso wohlüberlegt. Jeder, der in der San-Nicola-Basilika steht und versucht, etwas von der Vita und damit der wahren Bedeutung dieses Heiligen zu erfahren, wird darüber ins Grübeln kommen. Oder kennen Sie noch eine andere christliche Symbolfigur, die nur aus knallharten kommerziellen Gründen heraus auf der ganzen Welt derart verändert, verfremdet, verkitscht, verniedlicht, trivialisiert, verblödet – und damit der eigenen Würde beraubt – dargestellt wird wie der heilige Nikolaus? Ho ho ho!

Weltjugendtag in Köln

Die berühmten 100 Tage seit seinem Amtsantritt waren schon längst vorüber, aber immer noch und immer wieder bemühten sich manche journalistischen Beobachter mit jener Ausgangsfragestellung – auch vor dem Weltjugendtag in Köln: Wird Benedikt XVI. hier die Fußstapfen seines großen Vorgängers Papst Johannes Paul II. ausfüllen können? Man darf allerdings sagen, dass diese Dauerphrase hier doch berechtigt erschien, da der Pole Karol Wojtyla schließlich die Weltjugendtage ins Leben gerufen hatte und sich dieses im Laufe der Jahrzehnte immer größer werdende Festival unter seiner Ägide zu einem der erfolgreichsten Projekte der katholischen Kirche im 20. Jahrhundert entwickelt hatte. Der zuletzt auch schon über Achtzigjährige war dabei von den jugendlichen Fans regelmäßig als „Giovane", also als „Junger" gefeiert und mit tausendfachen „John Paul Two – we love you"-Sprechchören bedacht worden. Würde derlei jugendliche Begeisterung auch seinem Nachfolger, dem vormaligen Dogmatikprofessor, Präfekten der Glaubenskongregation und jetzigen Papst Benedikt entgegenbranden? Wirklich sicher war man sich da nicht.

Die Realität aber strafte die Zweifler schließlich Lügen. Das Interesse nicht nur der 800.000 angemeldeten Jugendlichen, die aus 193 Ländern im August 2005 nach Köln gekommen waren, sprengte die zuvor vielfach zurückhaltend formulierten Erwartungen. Auch das mediale Interesse war riesig. 7700 akkreditierte Journalisten beobachteten und berichteten über beinahe jeden Schritt des seit 482 Jahren ersten deutschen Papstes bei seinem ersten offiziellen Besuch in Deutschland. 1,2 Millionen Gottesdienstbesucher wurden beim großen Abschlussgottesdienst auf dem Marienfeld gezählt; es war die bis dahin größte Messe, die jemals in Deutschland gefeiert wurde und deren Live-Übertragung im Fernsehen 250 Millionen Zuschauer in der ganzen Welt erreichte. Dabei war es gar nicht mal die Entscheidung Papst Benedikts gewesen, so kurz nach seiner Wahl zum Pontifex Maximus der Weltkirche gleich zu einer Apostolischen Reise nach Deutschland aufzubrechen. Ort und Termin waren noch von seinem Vorgänger Johannes Paul II. am Ende des vorangegangenen Weltjugendtages in Toronto festgelegt worden.

Die „Flakhelfergeneration"

Ich hatte damals wieder einmal Gelegenheit, als Korrespondent der ARD in jenem zahlenmäßig begrenzten Pulk der sogenannten „Vaticanisti", also der beim Vatikan akkreditierten Journalisten, in der Papstmaschine von Rom nach Köln zu fliegen und während der verschiedenen geistlichen wie gesellschaftspolitischen Termine und Veranstaltungen immer nahe dranzusein am Geschehen. So bekamen wir auch gleich nach der Landung auf dem Köln-Bonner Konrad-Adenauer-Flughafen einen guten Platz auf einer Tribüne am Flugfeld zugewiesen, von der aus man das Begrüßungszeremoniell mitverfolgen konnte. Papst Benedikt, der gerade eben von Bundespräsident Horst Köhler begrüßt worden war, stand auf einem Podest und lauschte den Worten Köhlers, der eben mit seiner Ansprache begonnen hatte.

„Heiliger Vater, willkommen in der Heimat, willkommen in Deutschland! Wir alle hier begrüßen Sie ganz herzlich ...", hatte der Bundespräsident ausgerufen, um dann Sekunden später jenen Satz zu sagen: „Ihre Wahl zum Papst ist von historischer Bedeutung: Nach dem Papst aus Polen, das als erstes Land im Zweiten Weltkrieg von Deutschland überfallen wurde, ist nun jemand aus der sogenannten Flakhelfergeneration zum Nachfolger des heiligen Petrus gewählt worden." Irritierte Blicke und Raunen auf der Pressetribüne. Einer deutschsprachigen Kollegin platzte es heraus: „Was hat der da gesagt?", und ein italienischer Journalist, der sich Notizen in seinem Schreibblock gemacht und nun die Unruhe mitbekommen hatte, suchte im Kollegenkreis flüsternd Hilfe: „Ma, che cos'è Flagghelffär?"

Dass der Bundespräsident diese Titulierung nicht als Provokation, sondern im Sinnzusammenhang als Zeichen der Versöhnung im Nachkriegseuropa verstanden wissen wollte, liegt auf der Hand. Doch der entsprechende Erklärsatz hierfür folgte erst danach: „Dass es so gekommen ist, das gibt mir Zuversicht – sechzig Jahre nach dem Ende der menschen- und gottfeindlichen Ideologie, die in Deutschland herrschte. Das ist auch weltweit als Zeichen der Versöhnung begriffen worden – und ich darf Ihnen verraten, dass mich nur wenige Minuten nach Ihrer Wahl als Erster der polnische Staatspräsident Kwasniewski angerufen hat, um uns, den Deutschen, zu gratulieren." Da war dann wieder alles klar und die Gefahr einer möglichen Missinterpretation ausgeräumt.

Aus seiner Antwort wiederum ließ sich schlussfolgern, dass Benedikt XVI. die Sache mit Humor nahm. In seiner Replik auf die dann doch sehr mit religiösen Bezügen gespickte Rede des Protestanten Horst Köhler sagte der Papst – abweichend vom geplanten Wortlaut und mit dem für ihn typischen Tonfall, wenn ihm etwas amüsant erscheint: „Ich danke Ihnen für die freundlichen Worte, mit denen Sie mir aus dem Herzen gesprochen haben. Ich wusste gar nicht, dass jemand, der in der Wirtschaft lebt, auch so viel Philosoph und Theologe sein kann. Herzlichen Dank dafür." Gekicher auf allen Tribünen, und auch der Bundespräsident musste hellauf lachen.

Eigentlich hätte mit diesem Auftakt der Weltjugendtag in Köln noch unbeschwerter beginnen können, wäre da nicht jenes tödliche Attentat gewesen, das zwei Tage zuvor in Taizé auf den charismatischen Geistlichen Frère Roger begangen worden war. Schon von daher wurde die Jugendbegegnung mit dem Papst nun von ausgesprochen scharfen Sicherheitsvorkehrungen begleitet, was zu gelegentlich großen zeitlichen Verzögerungen bei der An- und Abreise der Pilger zu den Hauptveranstaltungen führte. Dabei nahm die Stadtverwaltung schon vor Ende des Jugendtreffens verwundert wahr, dass es trotz der sehr großen Anzahl an Menschen, die sich ja für relativ kurze Zeit in und um die Stadt Köln herum aufhielten, keine der für Massenveranstaltungen oft typischen Erscheinungsbilder gab: keine Randale, keine erhöhte Straßenkriminalität, keine demolierten Züge, kein Flat-Rate-Saufen, keine Drogenexzesse. Nichts. Also jedenfalls nichts, was dem Polizeialltag an ganz normalen Bundesliga-Wochenenden entspricht, wenn an den Bahnhöfen und in den Stadien wieder mal einschlägig bekannte Fangemeinden aufeinandertreffen. Andererseits muss man kein Polizeipsychologe sein, um zu konstatieren, dass derlei Auswüchse doch relativ unrealistisch erscheinen zwischen Eucharistischer Anbetung, Andacht und Stundengebet. Und selbst für diesen Fall hatten die Organisatoren vorgesorgt: In zahlreichen Kirchen der Stadt boten die Priester den Jugendlichen neben einer Vielzahl an Heiligen Messen und Katechesen auch einen 24-Stunden-Beicht-Service an. Auch deshalb konnte eigentlich gar nichts schiefgehen.

Nach vier Tagen nahezu permanenter Präsenz in Öffentlichkeit und Medien ließ sich Papst Benedikt XVI. am 21. August abends erschöpft in den Sessel der Lufthansa-Maschine sinken, die ihn zurück nach Rom bringen sollte. Er wusste, er hatte seinen prall gefüllten Terminkalender erfolgreich abgearbeitet.

Gleich nach seiner Ankunft in Deutschland war er auf einem Rheindampfer bis zum Kölner Dom gefahren, einem Triumphzug gleich, denn viele Hunderttausend Jugendliche hatten an den Flussufern auf ihn gewartet, um ihm beim Vorbeifahren frenetisch zuzujubeln. Er hatte den Kölner Dom besucht und tags darauf dem Bundespräsidenten in der Villa Hammerschmidt einen Höflichkeitsbesuch abgestattet. Eine der denkwürdigsten Begegnungen hatte in der Kölner Synagoge stattgefunden, wo Papst Benedikt ein sehr herzlicher Empfang durch die jüdische Gemeinde bereitet worden war. Er hatte im Erzbischöflichen Haus Vertreter muslimischer Gemeinschaften in Audienz empfangen sowie die Spitzenpolitiker des Landes getroffen, allen voran den Bundeskanzler, den Bundestagspräsidenten, die CDU-Parteivorsitzende sowie den Ministerpräsidenten von Nordrhein-Westfalen. Und von Beginn an war er immer wieder mit den Jugendlichen zusammengetroffen, hatte Tausende Hände geschüttelt, Kinder mit Müttern gesegnet, Begrüßungsworte und Ansprachen gehalten, in einer denkwürdigen Nachtvigil am Marienfeld gebetet und tags darauf den feierlichen Abschlussgottesdienst zelebriert. In allen Fernsehsendern, Radiostationen und Printmedien war über den Papstbesuch hervorgehoben berichtet worden, was Kritiker schließlich zu dem Vorwurf veranlasste, die Veranstalter hätten in Wahrheit einen katholischen „Weltpapsttag“ organisiert.

Jedenfalls konnte Benedikt XVI. noch von seinem Flugzeugfenster aus beobachten, wie die Menschen draußen auf dem Flugfeld ihm zum Abschied immer noch und schier unermüdlich zuwinkten; und lächelnd winkte der Pontifex zurück, mit der ihm typischen Geste, gerade so, als ob er auf der Tastatur eines Klaviers Fingerübungen exerzierte. Dann waren da noch die Mitglieder der päpstlichen Reisedelegation, die im Mittelteil des Flugzeugs Platz genommen hatten, und schließlich die „Vaticanisti", die es sich, nach vier Tagen Dauerberichterstattung, in den hinteren Reihen bequem gemacht hatten. Während einzelne vor Übermüdung sofort in Schlaf fielen, versuchten andere, noch vor dem Start nun auch noch die allerletzte Meldung zu den letzten aktuellen Geschehnissen via Handy oder Computer-Funkmodem den Agenturen und Redaktionen zu übermitteln. Zu unserer großen Überraschung aber kam plötzlich Vatikan-Pressechef Federico Lombardi auf uns zu und bat uns, in den vorderen Teil der Maschine zu kommen. Papst Benedikt, so Lombardi, wolle sich gerne bei den Journalisten für ihre Arbeit bedanken. Schlagartig waren alle hellwach. Manche, die ihre Krawatten schon entfernt hatten, sprangen auf und banden sie nun eilig wieder um, hektisch wurden die Jacketts angezogen, und Kolleginnen klappten ihre Schminksets auf, um in Windeseile auf Vorderfrau zu kommen.

Schließlich wurden wir einzeln nach vorne geführt. Als ich an der Reihe war, bot Papst Benedikt mir den freien Sitzplatz neben ihm an, und wir reichten uns die Hände. Er fragte mich, ob in meiner Arbeit alles erfolgreich verlaufen sei und wie es mir sonst so ginge. Wir wechselten einige Worte, und die offiziellen Vatikan-Fotografen drückten ein paarmal auf den Auslöser. Allzu lange durfte das Gespräch allerdings nicht dauern, denn der Pilot wartete schon, um das Flugzeug zur Startbahn rollen zu lassen. Beim Zurückgehen traf ich dann noch auf Georg Gänswein, den Päpstlichen Privatsekretär, der mir freundlich zunickte und überaus zufrieden aussah. Dass das Programm dieses Papstbesuchs so reibungslos verlaufen war, das war vor allem auch sein Verdienst gewesen. Denn auch in den Vorbereitungsphasen solcher apostolischer Reisen ist es der Privatsekretär, der in enger Abstimmung mit dem Papst sowie mit den unterschiedlichen vatikanischen Behörden und Zuständigkeiten, wie zum Beispiel dem Päpstlichen Reisemarschall, den Reiseverlauf zu koordinieren hat. „Sie sehen ein bisschen müde aus“, sagte ich. Er nickte lächelnd und ergänzte: „... dabei ist das Programm ja noch nicht zu Ende.“

Der Himmel über Marktl

Tatsächlich war für die Rückreise noch eine Extraeinlage vorgesehen worden, ein kurzer Abstecher zum Inntal mit Überflug von Marktl, dem Geburtsort Joseph Ratzingers. Tausende Menschen hatten sich dort auf den Straßen versammelt, um dem über sie hinwegfliegenden Papst für ein paar Sekunden zuzuwinken. Als optische Orientierungshilfe hatten die Marktler das Geburtshaus Joseph Ratzingers sowie die Kirche, in der er getauft worden war, mit Scheinwerfern angestrahlt. Als sich die Maschine aber dem „Zielgebiet“ näherte, da war es schon früher Abend geworden, zusätzlich verdeckten graue Wolkenberge die Sicht zum Boden. Ganz Optimistische hatten ihre Digitalkameras gezückt und drückten sich mit suchendem Blick ins Dunkle nun die Nasen an den Flugzeugfenstern platt, um im richtigen Moment auf den Auslöser zu drücken. Benedikt XVI. hingegen war von Pilot Martin Ott zu einem Besuch ins Cockpit eingeladen worden, um von dort aus seinen Geburtsort sehen zu können. Der Höhepunkt für die Wartenden drunten aber war sicherlich, dass sie der prominente Sohn ihres Ortes im Moment des Überflugs via Sprechfunk grüßte und mit ihnen ein Ave Maria betete. Die Funk-Botschaft war von auf dem Marktplatz installierten Lautsprecheranlagen verbreitet worden, was den Marktlern das exklusive Erlebnis bescherte, von einem Papst direkt aus dem Himmel gegrüßt zu werden. Dabei sollte es nur ein weiteres Jahr dauern, bis Benedikt XVI. auch seinem Geburtsort und den Menschen, die dort wohnen, einen persönlichen Besuch abstatten sollte.

„Ein Jahr voller Frieden"

Ähnlich wie die Erteilung des päpstlichen Segens „Urbi et Orbi" – der Stadt und dem Erdkreis – an Weihnachten und Ostern zu den Höhepunkten päpstlicher Medienpräsenz in der Welt zählt, so wird auch die Neujahrsbotschaft des Pontifex Maximus zum Weltfriedenstag am 1. Januar mit besonderer Aufmerksamkeit verfolgt. Vorgänger Papst Johannes Paul II. jedenfalls hatte diesen Termin genutzt, um häufig sehr kritische Appelle und Stellungnahmen zur Lage in der Welt abzugeben. Besonders in der Zeit nach den terroristischen Anschlägen auf die Twin Towers in New York, der aufkeimenden Angst vor einem „Clash of Civilizations" bis zum Beginn des zweiten Irakkrieges sah er sich immer weniger veranlasst, der sich in Wahrheit dramatisch zuspitzenden Situation mit diplomatischer Zurückhaltung zu begegnen, die oft genug grausamen Fakten rhetorisch weichzuspülen. Gerade weil ihn als Jugendlicher die Realität des Krieges mit voller Wucht getroffen hatte, versuchte er am Ende seines Lebens mit schon radikaler Deutlichkeit zu verhindern, was aber augenscheinlich nicht zu verhindern war. Dafür nahm er sogar Irritationen in Kauf, die er damit bei einigen dem Vatikan „nahestehenden" Staaten und Mächten auslöste.

Papst Benedikt schließlich sollte diesen Gedanken einer unbedingten, kompromisslosen Selbstverpflichtung zum Frieden sogar noch weiterentwickeln. Schon bei seiner ersten Neujahrsbotschaft deutete er an, was er im weiteren Verlauf des Jahres, besonders aber während seiner Bayernreise noch deutlicher ausdrücken sollte: Gefahr für den Weltfrieden gehe nicht nur von einem fanatischen Fundamentalismus aus, sondern auch von einem von Gott abgewandten Nihilismus, dessen Anzeichen in westlichen Staaten durchaus erkennbar seien. „In der Wahrheit liegt der Friede!", rief Benedikt XVI. am 1. Januar 2006 den Menschen im Petersdom zu, und dass die Schaffung einer „wirklich menschlicheren Welt" nur gelingen könne, wenn sich alle (!) durch Dialog, Vergebung und Solidarität dem wahren Frieden zuwendeten. Der Schlüssel hierzu aber sei die Erkenntnis der Notwendigkeit zur inneren Erneuerung. Eben jetzt sei ein neuer Schub an Mut und Vertrauen in Gott notwendig, rief Benedikt, „um den Weg des Friedens zu wählen". Ein Schub, der tatsächlich von allen ausgehen müsse, von Individuen und Völkern, von internationalen Organisationen und Weltmächten.

Dass der Papst dabei ganz explizit die Vereinten Nationen ansprach, war kein Zufall. Die ganze Welt hatte ja mitbekommen, wie sich die Großen und Mächtigen der Welt vor dem zweiten Irakkrieg wochenlang im Vatikan die Klinke in die Hand drückten, auf den Papst als aussichtsreichen Vermittler setzten, während sich die Vereinten Nationen wegen der Vetopolitik einzelner Mitgliedsstaaten zur Durchsetzung von Partikularinteressen lange Zeit gegenseitig blockierten bis hin zur Manövrierunfähigkeit. Gerade deshalb appellierte Papst Benedikt am Neujahrstag 2006 insbesondere an die Vereinten Nationen, „mit erneuerter Gewissenhaftigkeit ihrer Verantwortung für die Verbreitung von Gerechtigkeit, Solidarität und Frieden nachzukommen." Es ist anzunehmen, dass viele dem abschließenden Neujahrswunsch Benedikt XVI. zwar höflich applaudierten, ihn im gleichen Moment aber als utopisch abhakten: „Ein Jahr voller Frieden und Brüderlichkeit."

Das Überleben der Menschheit

Schneller, als ihm wohl lieb war, hatte den Papst die knallharte Realpolitik in seinem Arbeitszimmer im dritten Stock des Apostolischen Palastes eingeholt. Die Situation im Nahen und Mittleren Osten wurde immer chaotischer und verworrener, die Gewaltakte immer blutiger und die Aussicht auf Frieden immer geringer, wobei die eigentlichen Verlierer schnell auszumachen waren.

Immer mehr Christen waren dabei, sich nach den 2000 Jahren der Präsenz im Heiligen Land abzusetzen – weg von Krieg, Terror und zunehmender Unterdrückung – und das Glück für sich und die Familie woanders zu suchen. USA, Kanada, vielleicht Australien. Besonders im Irak war eine wahre Fluchtbewegung auszumachen. Wenn die Kinder in den Schulen von Gleichaltrigen verprügelt werden, nur weil sie Christen sind, wenn junge Christinnen vergewaltigt werden, in der Absicht, damit zugleich auch ihre Familie zu verletzen, zu demütigen und einzuschüchtern, wenn Kirchgänger auf der Straße massiv bedroht und ihre Kirchen angezündet werden, dann wird verständlich, warum sie ihrer Heimat schließlich resigniert den Rücken kehren.

Doch auch an anderen Ecken der Welt brannte es lichterloh, und so musste Benedikt XVI. anlässlich „seines" ersten Konsistoriums entscheiden, ob und wie er bei der Ernennung neuer Kardinäle auf die sich zuspitzende Situation in China reagieren sollte. Auch dort war das Leben für die „romtreuen" Christen, die sich nicht in eine staatlich kontrollierte Kirchenorganisation eingliedern lassen wollten, zunehmend schwieriger geworden, so dass die meisten von ihnen ihren Glauben im Untergrund praktizierten. Immer wieder hatten Nachrichtenagenturen von Verhaftungen vor allem von Bischöfen berichtet, die sich offen zu ihrem römisch-katholischen Glauben wie auch zum Gehorsam gegenüber dem Papst bekannt hatten. Von daher war es zunächst keine Überraschung, dass schon mit der Ankündigung der Ernennung eines neuen chinesischen Kardinals durch den Papst in Rom die kommunistische Regierung in Peking dagegen Sturm laufen würde. Schließlich forderte der chinesische Staat nach wie vor für sich das Monopol zur Ernennung neuer Bischöfe und Kardinäle ein. Als Benedikt XVI. im Frühjahr 2006 den als regimekritisch bezeichneten chinesischen Bischof Joseph Zen Ze-kiun zum Anwärter für das Kardinalsamt bestimmt hatte, da reagierte das chinesische Außenministerium erwartungsgemäß scharf und warf dem Vatikan „Einmischung unter dem Deckmantel der Religion" vor.

Dabei hatte sich auch durch verschiedene Äußerungen des Papstes aber schon abgezeichnet, dass der Kirchenstaat auf alles andere aus war als auf Konfrontation. Auch beim Konsistorium am 24. März 2006 sagte es Benedikt XVI. noch einmal und in diplomatischer Hinsicht sogar überdeutlich: Er stehe für die Förderung von Religionsfreiheit auf der ganzen Welt, jedoch unter der unbedingten Voraussetzung des friedlichen Dialogs. Die Vorgehensweise, mit der er dabei Handlungsfreiheit für sich wie auch für den souveränen Vatikanstaat eingefordert hatte, das mag manche an das Einmaleins der Grundlagen internationaler Politik erinnert haben. Vielleicht bedarf es aber manchmal solcher Erinnerungen. Jedenfalls war sie berechtigt. Denn es ist die unbedingte Überzeugung Benedikts XVI., dass es zur Lösung von Konflikten keine Alternative zum friedlichen Dialog gibt. Nur zwei Voraussetzungen: erstens, der jeweils eigene Standpunkt muss klar sein, und zweitens, die Verhandlungspartner müssen sich auf Augenhöhe begegnen können.

Deshalb ermahnte Papst Benedikt an eben jenem 24. März vor allem auch die eigenen Kardinäle und Ordensoberen, sich verstärkt zu engagieren, um solche Dialogsituationen schaffen zu können; ganz besonders an den Brennpunkten im Nahen und Mittleren Osten wie auch in Teilen Afrikas, wo Christen in erhebliche Bedrängnis geraten sind. Annäherung wagen durch verstärkten Dialog zwischen und mit den Kulturen – Papst Benedikt XVI. hat schon mehrfach betont, dass dies über kurz oder lang zur Überlebensfrage der Menschheit werden wird.

Vatikanisches Intermezzo: Die Endlos-Schlange

Es war kurz vor Ostern, und ich bewegte mich an diesem wunderbar sonnigen Apriltag (sorry) aus der Richtung Via Gregorio Settimo kommend ein wenig gedankenverloren auf den Petersplatz zu, durch den Braccio Carlo Magno hindurch, und wollte eben die Piazza betreten, als ich abrupt stoppte. Dann schaute ich nur lange und staunte. Ich hatte hier ja schon viel gesehen, vor allem viele Menschen. Stehend, sitzend, drängelnd, schiebend, betend, singend, jubelnd, liegend, lesend, fotografierend – je nach Tageszeit und Anlass. Das hier aber war neu. Es erinnerte mich spontan an Monty Python. Ja, es hätte eine ziemlich gute Szene für einen Monty-Python-Gag abgegeben.

Hunderte, was sag' ich, Tausende Menschen standen da und schauten sich gegenseitig an – mit Gesichtern, die Unsicherheit, Verwirrung, ja sogar Misstrauen signalisierten. Manchmal bewegten sie sich in kleinen Tippelschritten vorwärts, dann standen sie wieder und schauten sich gegenseitig an. Man muss erklären, sie alle befanden sich in einer Warteschlange. Genau genommen war es eine Riesenschlange, eine menschliche Mega-Anakonda, die sich da auf dem Petersplatz breitgemacht hatte und sich nun in mehrfachen Windungen und Kurven entlang und unter den Kolonnaden schlängelte, um die malerischen Brunnen sowie den Obelisken herum kringelte und – ja, wo eigentlich aufhörte? Dabei wurde sie beständig auch immer breiter, denn permanent kamen Scharen neuer Touristen- und Pilgergruppen hinzu, in der Absicht, den Petersdom zu besichtigen oder die Papstgruft oder auch die Kuppel der Basilika; und diese versuchten, sich – sagen wir mal – gefühlsmäßig einzureihen. Das Schlangen-Ende war tatsächlich nicht auszumachen. Oder waren es am Ende zwei?

Der vorösterliche touristische Riesenansturm auf Rom und den Vatikan hatte dazu geführt, dass nicht nur die Stadt komplett ausgebucht war, sondern auch die dazugehörigen Attraktionen völlig überlaufen waren. So auch die Vatikanischen Museen, wobei es manchmal vorkam, dass die berüchtigte Warteschlange vom Eingang der Museen ebenfalls bis auf den Petersplatz reichen konnte.

Die Verunsicherung der Touristen war beinahe mit Händen greifbar: Stehe ich jetzt in der Dom- oder der Museumsschlange? Stehe ich überhaupt in einer Warteschlange, oder bin ich am Ende in einer Ansammlung von Ahnungslosen, die nur meinten, sie stünden richtig? Niemand schien es zu wissen, denn auch die auf dem Platz postierten italienischen Polizisten reagierten auf Nachfrage mit Achselzucken und reckten die Hälse, so als würden sie gleich den strategischen Überblick bekommen. Für einen, der sich nicht anstellen musste oder wollte, war es hingegen amüsant, das alles zu beobachten, und ich hoffe, ebenso für die Fernsehzuschauer, die das Warteschlangenspektakel am Abend desselben Tages in den „Tagesthemen“ zu sehen bekamen.

Die römische Tourismusbehörde hatte bereits bestätigt, dass in jenem noch jungen Jahr im Vergleich zu den Vorjahren erheblich höhere Übernachtungszahlen registriert wurden; eine wahre Invasion hatten die örtlichen Medien festgestellt, denn allein zu den Osterfeiertagen seien 700.000 Pilger und Touristen in die Ewige Stadt gekommen, darunter sehr viele aus Deutschland, Österreich und der Schweiz. Aber dieses Selbstbewusstsein darf man den Römern durchaus gönnen: Wer es einmal geschafft hat, einen kurzfristig erfolgten Massenansturm von fünf Millionen Pilgern zu bewältigen – wie es im April 2005 unmittelbar nach dem Tod von Papst Johannes Paul II. der Fall war –, für den ist alles unter einer Million dann wahrscheinlich nur noch „business as usual“.

Genauso hatte man sich auch im Vatikan relativ schnell daran gewöhnt, dass sich zu den päpstlichen Angelusgebeten am Sonntagmittag inzwischen mitunter vierzig-, fünfzig-, manchmal sogar achtzigtausend Menschen auf dem Petersplatz versammelten. Regelmäßig „ausgebucht“ waren fortan auch die jeweils am Mittwoch stattfindenden Päpstlichen Generalaudienzen. Das hingegen bedeutete Stress im römischen Büro des Deutschen Pilgerzentrums, denn dort kam man nicht mehr nach mit dem Drucken der notwendigen (kostenlosen) Platzkarten. Entsprechende Nachfragen allein anlässlich der Osterfeierlichkeiten waren im Vergleich zu den Vorjahren um mehr als das Dreifache gestiegen, und so mussten die Mitarbeiterinnen und Mitarbeiter rund um den Hauptverantwortlichen des Büros, Don Antonio Tedesco, Sonderschichten einlegen.

Warschau – Tschenstochau – Krakau – Wadowice

Das Land wie auch seine Leute waren Benedikt XVI. alles andere als unbekannt, denn schon in früheren Jahren hatte er es des Öfteren bereist. Diesmal aber sollte er als Nachfolger jenes großen Polen kommen, dem es kraft seiner Autorität und seiner Glaubenstiefe, seines Charismas und auch seines realpolitischen Instinkts gelungen war, den Menschen in seinem Land so viel Mut und Gottvertrauen einzuflößen, dass sie es schließlich schafften, sich von der kommunistischen Herrschaft zu befreien.

Doch dann, Jahre nach der Revolution, wollte Papst Johannes Paul II. auch nicht verhehlen, wie enttäuscht er über den Fortgang der Entwicklung in Polen war. Offensichtlich hatte er etwas ganz anderes erwartet. Während seiner letzten beiden Pastoralreisen in die Heimat las er seinen Polen geradezu die Leviten und warf ihnen vor, sie hätten eine historische Chance verpasst. Seine Idealvorstellung einer von christlicher Tradition wie lebendigem Glauben getragenen Gesellschaft, die vorbildhaft Solidarität, Gerechtigkeit und Freiheit übt, nach innen wie nach außen, und damit zum leuchtenden Beispiel für den ganzen Kontinent wird, sie hatte sich für ihn nicht erfüllt.

Nach dem Fall der Mauer war der Geist der Revolution bald verpufft, und die vermeintliche Solidargemeinschaft in Polen entwickelte nun ganz andere Aktivitäten und Interessen, als es sich ihr Landsmann im Vatikan erhofft hatte. Freiheit, das war angesichts des großen Nachholbedarfs an Konsumgütern verständlicherweise erst einmal der Markt, dem aber zu vieles andere nachgeordnet wurde. Da es keine ausreichend geprüften Regelmechanismen gab, gab es neben den Gewinnern auch viele Verlierer; die Wohlstands- bzw. Armutsschere wuchs. Während die vormaligen Freiheitskämpfer der Gewerkschaftsbewegung „Solidarnosc" ihren Part als historisch erfüllt betrachteten und sich – lorbeerbekränzt – mit einem Funktionärsdasein zufriedengaben, brachen sich nun auch jene extrem-nationalistischen Kräfte Bahn, die zuvor, auch unter Mitwirkung der Kirche, noch mühsam eingebunden und damit unter Kontrolle gehalten werden konnten.

Die Aufarbeitung der eigenen jüngeren Geschichte aber erbrachte besonders schmerzliche Erkenntnisse. Dass zu kommunistischen Zeiten das System der gegenseitigen Ausspähung und Denunzierung in Polen ebenso funktionierte wie in der DDR, das wusste man natürlich längst. Dass es aber neben vielen anderen auch Männer der Kirche waren, die für den polnischen

Geheimdienst gearbeitet und Spitzel-Informationen weitergeleitet haben sollen, das traf die katholische Basis bis ins Mark.

Es war schon sehr bemerkenswert, dass Papst Benedikt XVI. gleich zu Beginn seiner Pastoralreise nach Polen am 25. Mai 2006 dazu sehr deutliche Worte wählte; es wurde eine dezidierte Kritik an den Verfehlungen der Vergangenheit wie auch an gegenwärtigen Fehlentwicklungen innerhalb der Kirche. Ohne Umschweife erläuterte er vor über 1000 Priestern in der Johanneskathedrale in Warschau, welch großen Herausforderungen sich die Geistlichen nun stellen müssten, und erinnerte sie an ihre Berufung.

„Die Gläubigen erwarten von den Priestern nur eines", mahnte Benedikt in einem zwar leisen, gleichzeitig aber absolut unmissverständlichen Ton, „dass sie Spezialisten sind, die die Menschen zur Begegnung mit Gott führen. Sie müssen sich nicht in Wirtschaft auskennen, in Architektur oder in Politik, sondern nur im spirituellen Leben." Dann kam er indirekt auch auf die Vorwürfe der Kollaboration Geistlicher mit dem vormaligen totalitären Regime zu sprechen. Zuvor bereits hatte er vermerkt, dass es Aufrechte gegeben hatte, die diesem Druck und der Versuchung widerstanden hatten: „Erinnern wir uns an die heroischen Zeugen des Glaubens, die ihr Leben für Gott und die Menschen gaben, darunter auch einfache Leute, die aufrecht blieben, authentisch und gut, ohne je dem Misstrauen nachzugeben. In dieser Kathedrale erinnere ich vor allem an Kardinal Stefan Wyszynski, den ihr ‚Primas des Millenniums' genannt habt und der inmitten harter und dauernder Prüfungen treu der Kirche gedient hat. Erinnern wir uns mit Dankbarkeit an alle, die sich nicht von den Mächten der Finsternis in Versuchung führen ließen."

Schließlich aber wandte sich Papst Benedikt wieder dem lebenden Klerus zu: „Das Leben in Zeiten eines totalitären Systems kann eine gewisse Form von Heuchelei fördern. Aber das schadet der Echtheit der Beziehungen zu den Brüdern ... Wir glauben, dass die Kirche heilig ist, aber es gibt Sünder unter ihren Mitgliedern", sagte Benedikt XVI. und schaute den Seelsorgern so nachhaltig in die Augen, dass einige nun Gesichter machten wie Kinder während einer elterlichen Strafpredigt. Andere saßen unbeweglich und mit gesenktem Kopf da, wohl in der Hoffnung, dass so der Kelch schneller an ihnen vorübergehen möge. Aber da war ihr oberster Hirte erst so richtig in Fahrt gekommen. „Wir müssen den Wunsch zurückweisen, uns nur mit denen zu identifizieren, die ohne Sünde sind", sagte der Papst und betonte Wort für Wort. „Wir müssen also lernen, die christliche Buße ehrlich zu leben. Und wir dürfen uns nicht zu arroganten Richtern vergangener Generationen aufschwingen."

Ein solch energischer Auftakt, ein solcher Aufruf zur rückhaltlosen Selbstkritik erregte in der polnischen Öffentlichkeit auch deshalb so viel Aufsehen, weil es irgendwie bekannt vorkam. Papst Johannes Paul II. hätte, würde er noch leben, an diesem Ort und an dieser Stelle wohl genau dasselbe gesagt, möglicherweise sogar in einem noch härteren Tonfall. Allen aber war hiermit klar, dass der deutsche Papst gar nicht daran dachte, vom Kurs seines polnischen Vorgängers abzuweichen, sondern vielmehr beabsichtigte, diesen ohne Bruchstellen weiterzuführen. Und: dass ihm ebenso wie Johannes Paul II. an einer Annäherung durch Aussöhnung zwischen den Deutschen und den Polen gelegen war, dass er ebenso der Überwindung von Nationalismen und noch vorhandener Ressentiments höchste Priorität einräumte.

Die Fortsetzung folgte tags darauf zur Festmesse am Warschauer Pilsudski-Platz. Genau hier vor 27 Jahren hatte Papst Johannes Paul II. jene flammende Rede gehalten, die wie eine Initialzündung die Gründung von „Solidarnosc" befördert hatte, wie im Weiteren auch den Widerstand gegen das totalitäre Regime. Eben daran erinnerte jetzt sein Nachfolger die 300.000 anwesenden Gottesdienstbesucher, um gleich darauf die neuen Gefahren anzusprechen, die dem Glauben und der Kirche nicht nur in Polen drohten. Als Dogmatiker und vormalig hauptamtlicher Glaubensschützer war Benedikt XVI. hier in seinem Element. Auch jetzt gebe es, so der Papst wörtlich, „Personen oder Kreise, die durch Vernachlässigung dieser jahrhundertealten (Anm.: kirchlichen) Tradition das Wort Christi verfälschen und die Wahrheiten aus dem Evangelium entfernen möchten, die ihrer Meinung nach für den modernen Menschen zu unbequem sind. Man versucht, den Eindruck zu erwecken, dass alles relativ sei. Auch die Glaubenswahrheiten hingen angeblich von der jeweiligen historischen Situation und der menschlichen Einschätzung ab."

Doch nur die ganze und unverfälschte Wahrheit könne, so Benedikt, den Weg zum Heil in Christus eröffnen: „Wir dürfen nicht in die Versuchung des Relativismus oder der subjektivistischen und selektiven Auslegung der Heiligen Schrift geraten. Nur die unversehrte Wahrheit vermag uns dafür zu öffnen, dass wir an Christus festhalten, der für unser Heil gestorben und auferstanden ist." Abschließend forderte er die Polen auf, die jahrtausendealten Glaubenszeugnisse zu bewahren und an die kommenden Generationen weiterzugeben.

Natürlich wurde der „neue Papst" seit seiner Ankunft ständig mit seinem Vorgänger verglichen, und die Polen hörten auch ganz genau hin, um zu resümieren, was der Papst sagte, und vor allen Dingen, wie er es sagte.

Was er im Italienischen so perfekt beherrscht – seine Inspirationen in eine bildhafte Sprache zu kleiden, die auch die Herzen der Menschen erreicht –, dies war bis zu diesem Zeitpunkt seines Polenbesuches noch nicht so richtig spürbar geworden. Vielleicht gaben die bis dato abgehandelten, eher „strengen“ Themen auch nicht den Boden dafür her. Jedenfalls hatte Benedikt XVI. bis kurz vor Reiseantritt auch noch kräftig Polnisch gebüffelt, um die liturgischen Feiern auch in der Landessprache zelebrieren sowie Teile seiner Predigten und Ansprachen auf Polnisch vortragen zu können.

Die folgenden Reisestationen aber waren derart emotionsbeladen, weil vollgesogen mit Erinnerungen an Johannes Paul II., dass Benedikt XVI. gleichsam aufging in der Menge der Pilger, die noch einmal die Spuren ihres großen, im Vorjahr verstorbenen Landsmannes nachgehen wollten. Als der Papst im Nationalheiligtum, dem Marienwallfahrtsort Tschenstochau, vor der weltberühmten Schwarzen Madonna niederkniete, da brachen viele in der Kirche in Tränen aus. Für Johannes Paul II. war während seiner doch zahlreichen Polenreisen der Besuch hier wesentlich mehr als nur Pflichtprogramm gewesen. Es gab Kommentatoren, die behaupteten, dass er vor allem wegen ihr, der Schwarzen Madonna, so oft nach Polen gekommen sei. Seine tiefe Marienfrömmigkeit hatte er schließlich mit dem Leitspruch seines päpstlichen Wappens – „Totus Tuus“ – ausdrücklich erklärt und damit so auch zur Leitlinie seines Pontifikats erhoben.

Beim Besuch in Wadowice, dem Geburtsort des polnischen Papstes, war es ganz ähnlich; mit vielen anderen wandelte auch Benedikt XVI. ergriffen durch die Räume des Geburtshauses, betrachtete die dort ausgestellten Kinder- und Jugendfotos seines Vorgängers, blieb hier und da stehen, sinnierte, lächelte, schwelgte in Erinnerungen.

Bilder wie diese, die auch im polnischen Fernsehen immer und immer wieder gesendet wurden, hatten vermutlich eine viel stärkere Wirkung als jede noch so ausgefeilte theologische Grundsatzrede. Denn offensichtlich waren davon auch jene berührt, die bislang mit dem deutschen Papst eher weniger anfangen konnten. Sein Auftreten, das zu keinem Zeitpunkt Stolz oder Triumph, sondern vielmehr Bescheidenheit, Demut und Dankbarkeit ausstrahlte, insbesondere angesichts der Erinnerung an den großen polnischen Papst – es muss die Polen tief beeindruckt haben. Als Benedikt XVI. dann auf dem überfüllten Marktplatz von Wadowice auch noch erklärte, er bete dafür, dass Johannes Paul II. möglichst bald „zur Ehre der Altäre" erhoben, also seliggesprochen werde, da hatte er die Herzen derer, die seinen Pastoralbesuch bis dahin mitverfolgt hatten, wohl endgültig erobert.

Die Szenen, die sich daraufhin in Wadowice abspielten, erinnerten dann auch stark an jene in der Vergangenheit, als sich Johannes Paul II. bei seinen Polenbesuchen, um von A nach B zu gelangen, stets nur in einem Meer von Fahnen, Spruchbändern und umringt von jubelnden Menschen bewegen konnte. Schon an der nächsten Station, am 13 Kilometer entfernten Wallfahrtsort Kalwaria Zebrzydowska, sollte Papst Benedikt dann nicht nur auf Polnisch oder mit italienischen „Benedetto, Benedetto"-Rufen, sondern auch mit Sprechchören in deutscher Sprache empfangen werden sowie mit Transparenten, auf denen – ebenfalls auf Deutsch – „Wir lieben Dich" geschrieben stand.

Geistlicher Höhepunkt war schließlich am 27. Mai die große Abschlussmesse im Blonie-Park von Krakau. Schon am Abend zuvor hatten eine halbe Million Jugendliche zusammen mit Papst Benedikt in einer Nachtvigil gebetet und gesungen; nun, tags darauf, waren es sogar über eine Million Gottesdienstbesucher. Auch an den Fahnen war zu erkennen, dass eine ganze Menge aus den benachbarten Ländern angereist war.

Diesmal wählte Benedikt XVI. für seine Predigt denn auch Worte, die eindeutig aus den Erfahrungen der vergangenen Tage gewachsen waren und die, wie man den Reaktionen entnehmen konnte, der Befindlichkeit der polnischen Seele offensichtlich sehr nahekamen. Spätestens als er den Menschen in ihrer Landessprache zurief, er habe unbedingt das Land sehen wollen, in dem der große Pole geboren wurde, um auch die Luft seines Heimatlandes zu atmen, da konnten viele, während andere jubelten, vor Rührung ihre Tränen nicht mehr zurückhalten. Er habe, so Benedikt weiter, in diesem Land aber auch diese Menschen mit diesem Glauben treffen wollen, aus dem Johannes Paul II. sein Lebenselixier gewonnen habe. Da hielt es die Ersten nicht mehr auf ihren Sitzen. „Du bist ein Pole!", riefen sie und sprangen auf, „du bist einer von uns!" Als der Papst schließlich seine Predigt mit „Ich grüße ganz Polen" schloss, da wogte vor ihm ein Ozean auf – eine Million Menschen, die gar nicht mehr aufhören wollten zu winken und zu klatschen und zu singen, ihre Fahnen zu schwenken, ihre Wimpel und Transparente.

Auschwitz

Alle Zeitungs- und Agenturjournalisten, alle Fernseh- und Radioreporter sitzen im vollbesetzten internationalen Pressezentrum schweigend an ihren Arbeitsplätzen und starren auf die Monitore, auf das in jenem Moment ausgestrahlte Livebild des polnischen Fernsehens. Trotz der Menge der Anwesenden ist es ungewöhnlich still, nur eine Stimme ist deutlich zu vernehmen.

„An diesem Ort des Grauens, einer Anhäufung von Verbrechen gegen Gott und den Menschen ohne Parallele in der Geschichte, zu sprechen, ist fast unmöglich – ist besonders schwer und bedrückend für einen Christen, einen Papst, der aus Deutschland kommt."

Als Papst Benedikt mit diesen Worten seine Ansprache beginnt, da steht er am internationalen Monument für die Opfer des Vernichtungslagers Auschwitz-Birkenau. Die Rede ist in italienischer Sprache verfasst; am Ort der Shoah Deutsch zu sprechen, das verbietet sich Benedikt XVI. Langsam und schweigend war er zuvor die lange Reihe an Gedenktafeln entlanggegangen, die zur Erinnerung und Mahnung an die vielen Millionen Menschen aus zahlreichen Völkern und Nationen errichtet wurden, die hier und anderswo wegen ihrer jüdischen Herkunft ermordet worden waren. Millionenfache grausame Tode, unschuldige Opfer der rassistischen, menschenverachtenden Nazi-Ideologie. Lange stand er vor dem Gedenkstein in hebräischer Sprache.

„Die Machthaber des Dritten Reiches wollten das jüdische Volk als Ganzes zertreten, es von der Landkarte der Menschheit tilgen", sagt der Papst langsam und mit leiser Stimme, „auf furchtbare Weise haben sich da die Psalmworte bestätigt: ‚Wie Schafe werden wir behandelt, die zum Schlachten bestimmt sind.'

Im Tiefsten wollten jene Gewalttäter mit dem Austilgen dieses Volkes den Gott töten, der Abraham berufen, der am Sinai gesprochen und dort die bleibend gültigen Maße des Menschseins aufgerichtet hat. Wenn dieses Volk einfach durch sein Dasein Zeugnis von dem Gott ist, der zum Menschen gesprochen hat und ihn in Verantwortung nimmt, so sollte dieser Gott endlich tot sein und die Herrschaft nur noch dem Menschen gehören – ihnen selber, die sich für die Starken hielten, die es verstanden hatten, die Welt an sich zu reißen. Mit dem Zerstören Israels, mit der Shoah, sollte im Letzten auch die Wurzel ausgerissen werden, auf der der christliche Glaube beruht und endgültig durch den neuen, selbstgemachten Glauben an die Herrschaft des Menschen, des Starken, ersetzt werden."

Wie an allen anderen, so verweilte der Papst auch am Gedenkstein der Sinti und Roma, am polnischen Stein, am russischen und ebenso am deutschen.

„Von dort tritt das Gesicht von Edith Stein, Theresia Benedicta vom heiligen Kreuz, auf uns zu – Jüdin und Deutsche, die zusammen mit ihrer Schwester im Grauen der Nacht des nazideutschen Konzentrationslagers verschwunden ist, die als Christin und als Jüdin mit ihrem Volk und für ihr Volk sterben wollte. Die Deutschen, die damals nach Auschwitz-Birkenau verbracht wurden und hier gestorben sind, wurden als Abschaum der Nation hingestellt. Aber nun erkennen wir sie dankbar als die Zeugen der Wahrheit und des Guten, das auch in unserem Volk nicht untergegangen war. Wir danken diesen Menschen, dass sie sich der Macht des Bösen nicht gebeugt haben und so als Lichter in einer dunklen Nacht vor uns stehen."

Die Fernsehbilder, die bis zu jenem Moment bereits in alle Welt ausgestrahlt worden waren, hatten Papst Benedikt XVI. gezeigt, wie er – seinem ausdrücklichen Wunsch entsprechend – allein durch das Eingangstor mit der zynischen Aufschrift „Arbeit macht frei" gegangen war. Eine Szene, die auf eindringliche Weise wieder vergegenwärtigte, dass das millionenfache Leid aus Einzelschicksalen bestanden hatte; dass jedes gepeinigte Leben, das zwischen 1940 und 1945 diese Schwelle übertrat, mit seinem Leiden und seinem Tod in diesem Vernichtungslager auch seine eigene, individuelle Geschichte hatte, seine eigene Identität, seine Einzigartigkeit. Dass da zuvor liebende Eltern waren, Geschwister, Ehepartner, Kinder, Verwandte und Freunde. Dass es einmal Lebensfreude gegeben hatte und Zukunftspläne, ebenso zahlreiche Ängste und Sorgen, aber niemals die Vorstellung eines derartigen, furchtbaren Grauens.

Das Bewusstsein, unausweichlich in den Tod zu gehen, war seiner offensichtlich spontanen Entscheidung gefolgt, die er hier im KZ 1941 für sich und andere getroffen hatte: um einen bereits zum Tode Verurteilten, einen Familienvater, zu retten, hatte sich der nach Auschwitz deportierte Franziskanerpater Maximilian Kolbe statt seiner auf eine bereits erstellte Todesliste setzen lassen. Den Weg hinunter und entlang der dunklen Kellergänge bis hinein in die Todeszelle ging der Papst ebenso alleine. Eine Fernsehkamera fing den Moment ein, in dem er an jener Stelle betete, an der Maximilian Kolbe gemartert und ausgehungert von seinem Mörder mit einer Phenol-Injektion getötet worden war.

Seine Gesichtszüge wirkten wie versteinert, als Benedikt XVI. schließlich bei Block 11 in jenen Hof eintrat, an dessen Ende sich eine Mauer befindet. Langsam ging er darauf zu. Schließlich blieb er unmittelbar davor stehen, dann verneigte er sich und begann, still zu beten. Schließlich entzündete er eine Kerze und ließ sie auf den Boden stellen – dort, wo unzählige Opfer im Kugelhagel der NS-Erschießungskommandos den Tod gefunden hatten. Einige Überlebende des Todeslagers hatten hier auf den Papst gewartet. Nun begrüßten sie sich, und Papst Benedikt ergriff, während sie miteinander sprachen, mit beiden Händen die in etwa gleichaltrigen Hände seiner Gegenüber. Manche begannen zu zittern. Es war der Moment, wo es mir wie auch vielen anderen Beobachtern des Geschehens den Hals zuschnürte.

Hier wurde das, was wir in der Schule im Geschichtsunterricht, in Deutsch und Religion zum Thema Holocaust erfahren hatten, plötzlich und unvermittelt wieder gegenwärtig. Hier standen leibhaftig die Menschen, die das alles miterleben mussten – die Deportation, die Isolation, die Erniedrigungen, die Todesängste. Die jeden Morgen nicht wussten, ob sie den Tag überleben würden. Die hier an diesem Ort schließlich die Leichenberge der Getöteten, nicht wie wir auf Schwarz-Weiß-Film, sondern mit eigenen Augen gesehen hatten. Die die Toten gekannt, vielleicht geliebt hatten.

Papst Benedikt sprach mit jedem Einzelnen der Überlebenden, wie er es auch schon bei seinen vorangegangenen Besuchen in Auschwitz im Jahr 1979 zusammen mit Papst Johannes Paul II. sowie ein Jahr später in einer Delegation deutscher Bischöfe getan hatte. Diesmal aber war es etwas anderes. Er sprach als ein Papst, der aus Deutschland kommt.

„Dazu bin ich auch heute hier: die Gnade der Versöhnung zu erbitten – von Gott zuerst, der allein unsere Herzen auftun und reinigen kann; von den Menschen, die hier gelitten haben, und schließlich die Gnade der Versöhnung für alle, die in dieser unserer Stunde der Geschichte auf neue Weise unter der Macht des Hasses und der vom Hass geschürten Gewalt leiden."

Mit einem Mal machte sich Aufregung breit im internationalen Pressezentrum, einem großen Zelt, das von den Veranstaltern unweit des Monuments für die Opfer des Vernichtungslagers Auschwitz errichtet worden war. Wieder schauten alle auf die

Fernseh-Monitore. Den ganzen Tag über hatte ein trübes Wetter vorgeherrscht, tiefliegende Regenwolken hatten das Land fortwährend mit Schauern überzogen, so dass auch während der Gedenk-Zeremonie in Auschwitz die zahlreich angereisten Menschen unter ihren Regenschirmen Schutz vor der Nässe gesucht hatten.

Das Bild aber, das eine auf dem Areal postierte Kamera des polnischen Fernsehens nun eingefangen hatte – just in dem Moment, als Papst Benedikt seine Ansprache hielt –, dieses Bild sollte am nächsten Tag auf den Titelseiten der Weltpresse zu sehen sein: Für einige wenige Momente war die dichte Regenwolkendecke aufgebrochen, und vereinzelte Sonnenstrahlen brachen sich Bahn. Mit einem Mal war er zu sehen: ein in kräftigen Farben strahlender Regenbogen, der sich über die Wachtürme und stacheldrahtumzäunten Baracken am Himmel über Auschwitz erhoben hatte, so dominant, dass viele, die ihn sahen, sogleich auf ihn deuteten.

Einige Medienleute im Pressezentrum, die mit der eben entstandenen Aufregung nichts anfangen konnten, ließen sich daraufhin von Fachkollegen erklären, dass der Regenbogen das biblische Zeichen der Versöhnung ist. Die meisten schienen daraufhin ins Grübeln zu kommen. Je nachdem, ob sie dann für sich persönlich einer göttlichen Fügung oder aber eher einer nüchternen, meteorologisch begründbaren Betrachtung den Vorzug gaben, eine aufsehenerregende Schlagzeile für die nächste Meldung oder den nächsten Artikel war es allemal.

Nur wenig später sollte allerdings auch Kritik an der Rede des Papstes in Auschwitz aufscheinen. Streitpunkt war folgende Passage gewesen: „Ich stehe hier als Sohn des deutschen Volkes, und gerade deshalb muss ich, darf ich wie er (Anm.: Papst Johannes Paul II.) sagen: Ich konnte unmöglich nicht hierher kommen. Ich musste kommen. Es war und ist eine Pflicht der Wahrheit, dem Recht derer gegenüber, die gelitten haben, eine Pflicht vor Gott, als Nachfolger von Johannes Paul II. und als Kind des deutschen Volkes hier zu stehen – als Sohn des Volkes, über das eine Schar von Verbrechern mit lügnerischen Versprechungen, mit der Verheißung der Größe, des Wiedererstehens der Ehre der Nation und ihrer Bedeutung, mit der Verheißung des Wohlergehens und auch mit Terror und Einschüchterung Macht gewonnen hatte, so dass unser Volk zum Instrument ihrer Wut des Zerstörens und des Herrschens gebraucht und missbraucht werden konnte."

So stritt man sich tags darauf in den Kommentaren und Feuilletons, ob und inwieweit dieser Wortlaut als verharmlosende Darstellung bezeichnet werden könne und ob der Papst damit den Deutschen „eine Art Absolution von ihrer kollektiven Verantwortung für die Nazi-Verbrechen" erteilt habe – so hatte es zum Beispiel die spanische Zeitung „El Mundo" interpretiert. Auch die deutsche „tageszeitung" hatte vermerkt, dass Benedikt XVI. die Deutschen „eher als Opfer einer Verschwörung, aber nicht als Mitläufer und Mittäter" verzeichnet habe. Vor allem auch Sprecher jüdischer Organisationen und Gemeinden äußerten sich kritisch, wie etwa der Großrabbiner von Rom, Riccardo di Segni, der die Ansprache „problematisch" nannte und eine Interpretation ablehnte, als wäre das deutsche Volk „selbst Opfer gewesen und hätte nicht zu den Verfolgern gehört".

Moderater sah es wiederum der Präsident des italienischen Rabbinerverbandes, Giuseppe Laras. Gegenüber „Radio Vatikan" hatte Laras betont, dass die Rede Benedikts XVI. für diejenigen, die gelitten haben, „ein Wort der Hoffnung und des Trostes" gewesen sei: „Ich habe in seinen Worten gelesen, dass er an dem Geschehen leidet, dass er an der Schuld des Naziregimes leidet, und in einem gewissen Ausmaß an der Schuld des deutschen

Volkes." Ähnlich sah es der Leiter des Simon-Wiesenthal-Zentrums, Rabbiner Marvin Hier: „Die Tatsache, das ein Papst aus Deutschland, der in seiner Jugend die Uniform der Hitler-Jugend tragen musste, im Gebet an der Stelle der grausamsten Untaten in der Weltgeschichte niederkniete und den Hass verurteilte, ist eine Zurückweisung des Antisemitismus und eine Zurechtweisung für Leute wie den iranischen Präsidenten Ahmadinejad, die den Holocaust als Mythos betrachten."

Während die britische Tageszeitung „Daily Telegraph" den Papstbesuch in Auschwitz als „die Krönung im langen Aussöhnungsprozess zwischen seinem Heimatland Deutschland und dessen östlichen Nachbarn" bezeichnete, ging die „Times" sogar noch einen Schritt weiter: Benedikt XVI., so die Zeitung, habe mit seinem Gebet für Vergebung und Aussöhnung „ein Tabu zwischen Christen und Juden gebrochen".

Heimspiele, Auswärtsspiele

Weltfamilientreffen Valencia

Weit weniger populär als der Weltjugendtag ist ein anderes katholisch inspiriertes Periodikum – das Weltfamilientreffen, das ebenso im Abstand von vier Jahren an jeweils wechselnden Orten der Erde veranstaltet wird. Es gibt sie allerdings auch noch nicht so lange. Dabei sind sie dem Papst und der Kirche mindestens so wichtig wie die Begegnung mit den Jugendlichen der Welt. Bereits fünf Wochen nach seiner Polenreise saß Benedikt XVI. deshalb schon wieder im Flugzeug. Ziel: Valencia an der spanischen Mittelmeerküste.

Für die Teilnehmer des 5. Katholischen Weltfamilientreffens war dies der Höhepunkt ihres Kongresses, zu dem über eine Million Delegierte aus allen Kontinenten in die ostspanische Metropole gereist waren. Die Versammlung in Spanien entbehrte auch nicht einer konkreten politischen Brisanz. Die sozialistische Regierung unter Führung von Ministerpräsident José Luiz Rodriguez Zapatero hatte schon vor ihrem Amtsantritt nie einen Hehl daraus gemacht, dass sie mit den Ansichten der katholischen Kirche – zurückhaltend ausgedrückt – eher weniger konform ging.

Jedenfalls sollte sich nun sehr schnell herauskristallisieren, dass es zu einem offenen Konfrontationskurs kommen sollte zwischen Regierung und Klerus, der eines der „ehernen" Fundamente der Kirche in Spanien gefährdet sah: die nach katholischem Verständnis traditionelle Familie. Diese fand sich durch eine Reihe legislativer Reformen schon bald in einem veränderten juristischen Umfeld wieder. Mit Staunen nahm man in hohen Kirchenkreisen des Landes wahr, mit welcher Geschwindigkeit die sozialistische Regierung darangegangen war, das Scheidungs- und Abtreibungsrecht zu lockern sowie homosexuelle Partnerschaften der Ehe gleichzustellen. Und das ohne expliziten Widerstand der Bevölkerung, mit dem die Kirche zunächst gerechnet hatte. Man erkannte dabei auch, dass die bis dahin vermutete grundlegende Verankerung der spanischen Gesellschaft in einem katholischen „Wertefundus“ in weiten Teilen gar nicht mehr existent war. Für die örtliche Kirchenführung muss es ein Schock gewesen sein, für die Führungsetage im Vatikan hingegen nur die Bestätigung jenes Trends, den der Dogmatikprofessor Joseph Ratzinger Jahrzehnte zuvor für den westlichen Teil Europas prognostiziert hatte. Dass sich Spanien aber binnen kürzester Zeit nun zu dem Land mit den radikalsten Säkularisierungstendenzen entwickeln würde, das beunruhigte auch im Vatikan.

Der spanische König Juan Carlos und seine Gemahlin Sophia warteten am 8. Juli 2006 auf dem Flughafen von Valencia am Fuße der Gangway, um das Oberhaupt der katholischen Weltkirche zu begrüßen. Dass auch das katholische Monarchenpaar hier vom Papst eine wesentliche Rückenstärkung der Institution Familie erhoffte, war unstrittig. Vor allem aber erwarteten sich die katholischen Spanier vom hohen Besuch hier in Valencia eine Signalwirkung; eine für die ganze Welt, mehr aber noch für die Situation im eigenen Land. Nicht zufällig bezeichnete der spanische König in seiner Willkommensrede Valencia denn auch als „Welthauptstadt der christlichen Familie“ und betonte das weltweite Interesse, das dieser Weltfamilienkongress in seinem Land hervorgerufen habe.

Papst Benedikt XVI. wiederum sollte gleich die erste Rede auf spanischem Boden dazu nutzen, um zum entschiedenen Schutz der auf der Verbindung zwischen Mann und Frau basierenden Ehe aufzurufen. Denn nur diese, so sagte der Papst, sei eine unersetzliche Institution für die Gesellschaft wie auch für die Kirche.

Wenig später: Mehrere hunderttausend Menschen säumen die

Straßen von Valencia. Der Empfang für den hohen Gast aus Rom gerät so herzlich, dass es beinahe scheint, als wolle man die Begeisterung der vorangegangenen Papstreisen in Köln und Polen noch einmal übertrumpfen. Szenen, die an die Begrüßung der ersten Mondastronauten nach ihrer Rückkehr in den USA erinnern: Es regnet Kilo von Konfetti, und die langsam dahinfahrende Wagenkolonne mit dem Papamobil in ihrer Mitte kann sich nur langsam durch die Menge bewegen; die Sicherheitskräfte haben alle Hände voll zu tun, um die Begeisterung irgendwie im Zaum zu halten.

Das Schicksal wollte es, dass sich unmittelbar vor Ankunft des Papstes in Valencia ein schreckliches U-Bahn-Unglück ereignet hatte. 42 Menschen hatten bei einem Brand im Untergrund ihr Leben verloren, das Land hatte daraufhin Staatstrauer verordnet. Dass Papst Benedikt aber vor allen anderen Programmpunkten der Trauer und dem Gedenken an diese Opfer an der Stelle des Unglücks den Vorzug gab, dies haben ihm die Spanier, wie später aus entsprechenden Umfragen zu erfahren war, sehr hoch angerechnet. Denn es war der erklärte Wunsch des Papstes gewesen, gleich nach seiner Ankunft die Unglücksstelle an der Metrostation mit Namen „Jesùs" zu besuchen, um dort, umringt von vielen Tausend Menschen, für die Opfer zu beten.

Bald darauf – eine Begegnung unter Tränen in der Basilika von Valencia. Als Papst Benedikt zahlreiche Hinterbliebene der Opfer des U-Bahn-Unglücks antrifft und dabei versucht, ihnen Trost zuzusprechen, können viele der Betroffenen ihre Verzweiflung nicht mehr verbergen. Hemmungslos weinend umklammert eine Frau die Hände des Papstes, andere müssen von herbeigeeilten Helfern gestützt werden. Zu tief sitzen noch der Schock und das Entsetzen über den plötzlichen Verlust geliebter Menschen. Wie nahe dies alles auch Papst Benedikt geht, zeigen nicht zuletzt die Bilder des spanischen Fernsehens in Großaufnahme. Sie zeigen aber auch noch etwas anderes: In diesem Moment ist er nicht der höchste Würdenträger der Kirche, nicht der Pontifex Maximus, nicht der oberste Souverän und Repräsentant eines Staates. In diesem Moment ist er ganz einfach Seelsorger; ein Priester, der sich angemessen Zeit nimmt in einer Situation, die danach verlangt. So etwas kann man nicht planen, man kann nur darauf reagieren. Die menschliche Begegnung und der Zuspruch sind ihm jetzt viel wichtiger als die Einhaltung irgendeines Zeitplans.

Schließlich aber kommt es dann doch noch zur Begegnung mit den Bischöfen Spaniens, in dieser Basilika, in der ein Schatz des Christentums gehütet wird: der legendäre Heilige Gral, „Santo Cáliz“, also der Abendmahlskelch Jesu Christi, um den sich bis in unsere Zeit unzählige Legenden ranken. Wie schon Papst Johannes Paul II., so steht nun auch Benedikt XVI. vor der zum reich verzierten Kelch gewandelten Achatschale. Er ergreift die Gelegenheit, um auch anhand dieser Ikone auf die tiefen christlichen Wurzeln des Landes zu verweisen, auf eine kulturelle Identität, die im Christentum begründet liegt. Die aber längst in Gefahr geraten ist, weil sich eine im Umbruch befindliche Gesellschaft ihrer nicht mehr in genügendem Maße bewusst zu werden scheint. Ohne Umschweife steuert Benedikt XVI. hier das Kernthema seines Pastoralbesuches in Spanien an, das längst auch zum Grundprogramm seines Pontifikates gehört. Die Familie, so sagt er, ist der zentrale Hort der Liebe, des Lebens und des Glaubens.

Viele zehntausend junge Familien, die hierher nach Valencia gekommen waren, sollten bei mehreren aufeinanderfolgenden Treffen mit dem Oberhaupt der katholischen Kirche einen im Ton zwar sachlichen, aber inhaltlich leidenschaftlich formulierenden Papst erleben. Benedikt XVI. wiederum fand hier in Valencia genau das Forum, das er so dringend erreichen wollte.

Tosender Beifall brandete ihm entgegen, als er am Abend des 8. Juli in der Stadt der Künste und der Wissenschaft in einem flammenden Appell alle Anstrengungen zur Bewahrung der Familie einforderte. Auch die Kirche dürfe nicht tatenlos zusehen, wenn ein dramatischer Zerfall familiärer und damit auch gesellschaftlicher Strukturen offensichtlich werde. „Die Familie ist die Schule der Menschlichkeit“, rief der Papst, „sie muss offen bleiben für die Weitergabe des Lebens und für die Erziehung der Kinder.“ Keineswegs wolle die christliche Moral die gegenseitige Liebe von Mann und Frau unterdrücken, betonte Benedikt; vielmehr werde die Liebe durch christliche Ethik erst wirklich „frei, stark und reif“ als Fundament für das Leben in christlicher Gemeinschaft.

Tags darauf, zur Abschlussmesse, wurde der Papst noch deutlicher. Die Familie habe heute einen „unschätzbaren Wert“, erklärte er vor einer Million Gottesdienstbesuchern und erinnerte dabei an die Verantwortung des Staates für diese Kernzelle der Gesellschaft, diese, so Benedikt wörtlich, „unersetzliche Institution“. Ebenso sei es das unveräußerliche Recht der Eltern, ihre Kinder zu erziehen. Denn nicht der Staat, sondern die Familie sichere „die wahre Freiheit des menschlichen Individuums“.

Den Bildern des offiziellen Fototermins am erzbischöflichen Palais war es natürlich nicht anzumerken, dass das Verhältnis zwischen der spanischen Regierung und dem Vatikan sehr gespannt ist. Aber es ist anzunehmen, dass Papst Benedikt bei seinem zuvor erfolgten Treffen mit dem spanischen Ministerpräsidenten Zapatero während eines Gesprächs unter vier Augen ähnlich deutliche Worte gewählt hatte. Und auch die diplomatischen Höflichkeiten konnten nicht darüber hinwegtäuschen, dass der Vatikan solche – aus seiner Sicht drastischen – Eingriffe des Staates in die bislang jedenfalls als gesellschaftspolitisch wie vor allem als ethisch relevant bezeichneten Familienstrukturen nie akzeptieren wird; auch nicht die schleichende Entmündigung der Eltern als Erziehungsberechtigte durch immer stärkere staatliche Einmischung in Bereiche, die nach Ansicht der Kirche eigentlich der Familie vorbehalten bleiben sollten.

Deutlich entspannter waren die Gesichtszüge Papst Benedikts, als er Gelegenheit bekam, einige Meter in der Altstadt von Valencia zu Fuß zurückzulegen. In dem Moment, als er das erzbischöfliche Palais verlassen hatte, war er umringt von jungen Gesichtern. Es hatte beinahe den Anschein, als wäre er zu einem gigantischen Familienfest eingeladen worden. Viele Ehepaare standen dichtgedrängt an den Absperrungen der Wegstrecke, und daneben, darauf und davor ihre Kinder. Viele Kinder. Sie winkten, schwenkten Vatikanfähnchen, riefen „Viva il Papa" und wuselten so flugs zwischen den Sicherheitsleuten hindurch, dass einige von denen Gesichter machten wie der gestresste Arnold Schwarzenegger im Film „Kindergarten Cop". Prälat Gänswein hingegen hatte die Szenerie voll unter Kontrolle. So bemerkte er auch den Jungen, der ganz enttäuscht dreinblickte, weil ihn der Papst trotz seines eifrigsten Winkens beim Vorbeigehen nicht gesehen hatte. Gänswein sprang zurück, lotste den Kleinen, der gar nicht wusste, wie ihm geschah, im Handumdrehen und höchstpersönlich durch die Sicherheitsabsperrung und postierte ihn direkt vor den Papst. Dieser streichelte dem Jungen über den Kopf, sprach ein, zwei Worte zu ihm und segnete ihn. Und schon war er wieder an der Hand von Gänswein, der den total Verdutzten zurück zu seinen Eltern brachte, die ihn überglücklich umarmten.

Die Zeit zwischen den offiziellen Terminen in Valencia nutzten wir, um für eine Fernsehreportage im Bayerischen Fernsehen einige Stimmen von Delegierten und Kongressteilnehmern einzufangen. Unsere sehr eifrige spanische Mitarbeiterin hatte dabei das BR-Kamerateam zu einer großen Gruppe von Spaniern gelotst, die – wie sich dann herausstellte – hauptsächlich aus Mitgliedern von Großfamilien bestand. Diese hatten sich während des Kongresses hier wohl gefunden und betrieben nun fleißig Erfahrungsaustausch.

So trafen wir dann auch auf Juan, der mit sechs seiner 13 Kinder nach Valencia gekommen war, auch einige seiner 13 Enkel waren dabei. Er gab uns bereitwillig ein Interview, ebenso seine Tochter Mercedes, die selbst schon wieder neun Kinder zur Welt gebracht hatte. Und die beiden waren mit ihrem Kinderreichtum in ihrer Gruppe gar nicht mal was Besonderes. Das wirklich Auffallende an ihnen aber war die Fröhlichkeit, Unbekümmertheit und Zuversicht, die alle miteinander ausstrahlten. Dabei bläst diesen Großfamilien heute ein rauer Wind entgegen – jedenfalls sah es Familienpatron Juan so: „Wir leben in einer sehr schweren Zeit, mit einer Gegenkultur, einer Kultur des Todes. Aber wir, wir erleben das anders. Es lohnt sich, das Leben zu bejahen, es lohnt sich, Kinder zu bekommen. Das ist das Beste, was man aus seinem Leben machen kann.“ Sprach's, lächelte und verschwand zusammen mit seinem umfangreichen Familienanhang in der großen Menge von Gleichgesinnten.

Ein Fernseh-Interview in Castel Gandolfo

Schon die Ankündigung war eine Sensation. Papst Benedikt hatte nach einer Anfrage des Bayerischen Rundfunks dem Fernsehdirektor des BR, Prof. Gerhard Fuchs, mitteilen lassen, dass er bereit sei, im Vorfeld seiner Pastoralreise nach Bayern ein Fernsehinterview zu geben, in deutscher Sprache. Der Bayerische Rundfunk war es dann auch, der das Ereignis technisch eigenverantwortlich wahrnehmen und so auch die Rahmenbedingungen schaffen sollte, die zur Aufnahme eines solchen Interviews vonnöten waren. Schließlich hatte man sich auf die Zahl von vier Interviewern geeinigt, denn neben Fernsehdirektor Fuchs, der als Vertreter der ARD die Fragen stellen sollte, kamen dann auch noch entsprechende Journalisten des ZDF, der Deutschen Welle sowie von Radio Vatikan hinzu.

Als Ort der Aufzeichnung hatte der Vatikan die Päpstliche Sommerresidenz Castel Gandolfo vorgeschlagen, da sich der Heilige Vater zum vereinbarten Interviewtermin Anfang August dort aufhalten sollte. Im zweiten Stock der Residenz werkelten dann über Tage an die 50 Mitarbeiter des BR, um den päpstlichen Audienzsaal, die prächtige „Sala dei Svizzeri", in ein voll funktionsfähiges Fernsehstudio zu verwandeln. Ich war in der Zeit unter anderem damit beschäftigt gewesen, die für das Interview vorgesehenen Themen und Fragenkomplexe mit den Kolleginnen und Kollegen der anderen am Interview beteiligten Sender abzustimmen. Denn nichts wäre wohl peinlicher gewesen, als wenn in der vereinbarten Gesprächszeit von etwa einer Stunde die vier Interviewer zufälligerweise jeweils die gleichen Fragen gestellt hätten.

Als wohlmeinender Berater und geduldiger Vermittler erwies sich dabei auch der Pressechef des Vatikans, Pater Federico Lombardi. Der Jesuit gilt schon lange als Glücksfall für den Medienapparat des Vatikan, denn Lombardi ist das, was man in der Branche einen Vollprofi nennt. Als langjähriger Leiter von Radio Vatikan sowie des Vatikanischen Fernsehens CTV kennt er die Technik wie auch die Arbeitsabläufe, die zur Erstellung von Radio- und Fernsehsendungen notwendig sind. Vor allem war er es, der für die Arbeit im Vatikan auch wirklich fachkundiges Personal angeworben hatte, was wiederum bewirkte, dass etwa das Vatikanische Fernsehen in kurzer Zeit einen wahren Quantensprung in Richtung Zuverlässigkeit und Qualität gemacht hatte. Jeder, der noch vor knapp 15 Jahren die oft genug miserable Kameraführung wie auch grauenhafte Bildqualität des Vatikanischen Fernsehens miterleben durfte, wird mir das bestätigen. Wie oft hatte ich damals als Redakteur am Schneidetisch gelitten, weil wir wichtige Bildsequenzen verwenden mussten, die nur CTV exklusiv drehen durfte, die aber nach den strengen technischen Vorgaben der ARD eigentlich unsendbar waren. Unser Cutter Rudi Neuwardt brachte es beim Sichten des CTV-Materials jedes Mal bayerisch-drastisch auf den Punkt: „Da kriagst ja Augnkrebs!“ Aber, tempi passati …

Heute hingegen ist CTV der Fernsehsender, dessen Kamerateams etwa während der Papstreisen oft die besten Reportagebilder anbieten; Radio Vatikan liefert zeitgleich die schnellsten Hintergrundberichte, und auch das Internetportal des Vatikan, das schon diverse internationale Jury-Preise einheimste, glänzt mit einem umfangreichen Angebot an aktuellen wie auch kirchengeschichtlich relevanten Themen. Insofern kann man es schon als eine technische Revolution bezeichnen, was sich da in den vergangenen Jahren im Medienbereich des Vatikan getan hat. Da Pater Federico Lombardi darüber hinaus auch die unterschiedlichen technischen Ausgangsbedingungen in den diversen vatikanischen

Gebäuden sehr gut kennt, waren uns seine Ratschläge mehr als nur hilfreich gewesen.

So lief dann auch das Interview mit Benedikt XVI., man kann sagen, „wie am Schnürchen“, und die Inhalte dieses aufsehenerregenden Gesprächs, dessen Ausstrahlung in den deutschsprachigen Ländern Rekord-Einschaltquoten erzielte, sind bekannt. Dabei war es der Papst selbst gewesen, der die ungeheure Anspannung, die sich beim Produktionsteam des Bayerischen Rundfunks, mehr aber noch bei den vier Fragestellern unmittelbar vor Drehbeginn aufgestaut hatte, löste. Entschlossenen Schrittes hatte er den Audienzsaal betreten, gefolgt von seinem Privatsekretär, und schnurstracks seinen Audienzsessel angesteuert, dem gegenüber die vier Journalisten positioniert worden waren. Und als sie sich dann gegenüberstanden, im Verhältnis vier zu eins, da sagte Benedikt XVI. schmunzelnd: „Jetzt komme ich mir fast vor wie vor einem Gerichtstribunal.“ Lachend setzten sich alle nieder, und das Frage-Antwort-Spiel konnte beginnen.

Für die Fragesteller brachte dieses Gespräch aber auch noch in anderer Hinsicht eine neue Erfahrung mit sich. Obwohl man sich untereinander in den redaktionellen Vorgesprächen auf einen Fragenkatalog geeinigt hatte, eine Art Spannungsbogen – wenn schon nicht aller, so doch vieler Themenbereiche – rund um Papst, Kirche und Gesellschaft, so hatte man sich darüber hinaus auch versorgt mit „Zusatz-Fragen“ für den Fall, dass Papst Benedikt auf eine oder zwei Fragen kürzer als erwartet antworten sollte. Der vorgesehene Zeitrahmen für das Interview betrug immerhin eine Stunde plusminus fünf Minuten.

Von Politiker-Interviews her weiß man in etwa, wie viele Fragen man tatsächlich „durchbringen“ kann, denn Politiker reden in der Regel nicht nur viel, sie hören sich auch selbst gerne reden. Dass der Moderator bzw. die Moderatorin dann oft gezwungen ist, den Politker/-innen das Wort „abzuschneiden“, das gehört beinahe schon zur Normalität des klassischen Polit-Talks. Nur – der Papst ist kein Politiker.

Benedikt XVI. ging auf alle Fragen umfassend ein, seine Antworten waren klar, präzise, prägnant und verständlich. Gleichzeitig gab es keine Phrasen oder weitschweifigen Wiederholungen. Und so wurden alle vorgebrachten Themen von ihm konzentriert abgearbeitet. Eine Frage, eine Antwort. Punkt. Nach etwa 20 Minuten schon blickten die Aufnahmeleiter sowie die Leute in der Regie im Nebenraum nervös auf die Uhr. „Das hält nie und nimmer eine Stunde“, sagte Luc Heinz, der Regisseur, und dirigierte weiter die Kamerapositionen im Audienzsaal. In der Tat waren dann keine 40 Minuten vergangen, als der Papst auch die letzte Frage angemessen beantwortet hatte, sodann zügig aufstand und sich bei den Journalisten mit Handschlag bedankte.

Doch nicht nur das. Den Kolleginnen und Kollegen des Bayerischen Rundfunks, die gerade schon wieder dabei waren, die gesamte Technik unverzüglich abzubauen, überbrachte Pater Federico Lombardi die überraschende Nachricht: Der Heilige Vater möchte jede einzelne BR-Mitarbeiterin und jeden einzelnen BR-Mitarbeiter persönlich begrüßen und sich für die hervorragende Arbeit bedanken! Das war dann für alle Beteiligten, wie es eine junge Technikerin spontan ausdrückte, „der Knaller des Tages“.

Tatsächlich nahm sich Papst Benedikt in seinem Audienzsaal dann über eine Stunde lang Zeit, um mit Redakteuren, Kameraleuten, Produktionstechnikern, Kabelhilfen, den Ausstattungsleuten und wirklich allen weiteren, die an der Produktion beteiligt waren, zu sprechen, ihnen zu danken und auch jeweils ein Geschenk zu überreichen: einen Rosenkranz mit Papstemblem in edler Schatulle, versehen mit dem päpstlichen Wappen. Manche waren von der unvorhergesehenen Begegnung derart überrascht, dass sie danach für einige Momente wortlos in einer Ecke standen und auf ihren Rosenkranz starrten. Andere wiederum sprudelten beim Gespräch mit Benedikt XVI. nur so los, als noch dazu der Papst sie ganz unbefangen als bayerische Landsleute ansprach. Wo sie herkämen? Was sie beim Bayerischen Rundfunk machten? Wie ihnen Rom gefalle? Und dass er, Benedikt, ganz beeindruckt sei, wie schnell die BR-Leute hier die ganze Technik aufgebaut hätten.

Möglicherweise hätte der Papst sogar noch wesentlich länger mit allen geplaudert, wäre da nicht der diskrete Hinweis eines seiner Mitarbeiter gewesen, dass es auch an diesem 5. August in Castel Gandolfo noch weitere Termine gab, die das Oberhaupt der katholischen Kirche doch wahrnehmen müsse. Winkend und lachend verabschiedete sich Benedikt XVI., und alle in der Sala dei Svizzeri klatschten, bis sich die Flügeltüren zu den benachbarten päpstlichen Arbeitsräumen wieder hinter ihm geschlossen hatten.

Mit dem Papst nach Bayern

Ganz plötzlich waren die vorderen Trennvorhänge des Fluggastraumes der Alitalia-Maschine geöffnet worden, und Papst Benedikt stand unvermittelt vor den Journalisten. Es war am 9. September 2006, unmittelbar vor dem Abflug vom römischen Flughafen Ciampino nach München.

Hektik, Gedrängel, Blitzlichtgewitter, Fernsehkameras dicht an dicht. Schon steht die erste Frage im Raum – ein Reporter möchte wissen, wie der Papst die gegenwärtige Situation des Katholizismus in Deutschland sieht.

„Erstens fliege ich mit Freude nach Hause“, antwortet der Papst, und: „Es ist schön, dass ich wenigstens einmal noch meine alte Heimat sehen darf, auf den Stätten herumgehen, wo ich gewesen bin. Und ich fliege nach Hause in der Freude darauf, dass wir ein großes Fest des Glaubens feiern werden und dass das auch das Miteinander mit euch stärken wird. Ich würde nicht einfach sagen, dass der deutsche Katholizismus müde ist. Müdigkeiten gibt es überall. Aber ich habe in diesen Wochen der Vorbereitung gesehen, wie viel Dynamik auch da ist. Unglaublich, wer alles mit wie viel Energie sich eingesetzt hat. Ich weiß gar nicht, wie ich da danken soll. Das kann sich nicht auf meine Person beziehen; es kann sich nur darauf beziehen, dass wir gemeinsam Kirche sein wollen, dass wir also gemeinsam eine Kraft des Friedens für die Nation und die Welt sein möchten. Insofern fliege ich mit großen Hoffnungen nach Hause und bin eben dankbar für alles, was ich gesehen habe. Was zeigt: So müde ist der deutsche Katholizismus nicht, wie manche meinen.“

„Heiliger Vater“, rufe ich, während ich dem Papst das Kameramikrofon entgegenstrecke, „wenn Sie in Rom sind, haben Sie da nicht manchmal auch ein bisschen Heimweh nach ihrer bayerischen Heimat?" Da macht sich ein strahlendes Lächeln auf seinem Gesicht breit: „Ja schon, denn ich meine, da bin ich eben aufgewachsen. Mein Herz schlägt bayerisch. Andererseits ist so viel Erinnerung in meiner Seele, dass ich in den Landschaften der Erinnerung immer herumwandern kann, dass ich mich gar nicht so weit weg fühle, zumal ich jeden Abend mit meinem Bruder telefonieren kann." Und augenzwinkernd fügt er hinzu: „Also, so ganz arg weit entfernt fühle ich mich nicht."

Von Beginn an nicht weit weg, sondern ganz nah waren ihm dann auch die Menschen seiner bayerischen Heimat, die er am 9. September 2006, dem Tag seiner Ankunft am Münchner Flughafen, begrüßen konnte.

Als das Flugzeug an der vorgesehenen Position geparkt hatte und Benedikt XVI. um 15.30 Uhr an der bereits geöffneten Bordtüre erschienen war, da bot sich ihm ein Bild, das Nichtkundige wohl als Postkarten-Klischee bezeichnen würden. Dabei war es nur authentisch. Unter einem strahlend schönen weißblauen Himmel (jetzt darf ich) winkten ihm die Menschen aus den unterschiedlichen bayerischen Regionen zu, vielfach gekleidet in bunte Trachten. Dazwischen die stolzen Honoratioren sowie der ebenso zahlreich vertretene Klerus. Das Stabsmusikchor der Bundeswehr spielte die vatikanische, die deutsche und die bayerische Hymne, während die entsprechenden Fahnen im Spätsommerwind flatterten. Und schließlich der dreifach donnernde Ehrensalut, den die Tegernseer Gebirgsschützen ihrem Ehrenmitglied erwiesen. Ein Entree, das nichts ausließ von jenem Lebensgefühl und auch jener Lebensweise, die dem Papst so lieb wie vertraut sind.

An den folgenden Stationen war es ebenso: Wie in einem Triumphzug bewegte sich Papst Benedikt XVI. durch jene Teile Bayerns, die ihm in Kindheit und Jugend sowie während seines geistlichen Werdegangs gleichermaßen Heimat gewesen waren; umjubelt und gefeiert in München an der Mariensäule, im Frauendom, zur Festmesse auf dem Messegelände Riem, auf dem Kapellplatz in Altötting, in Marktl, im Dom zu Regensburg und auf dem Islinger Feld, in Pentling, sowie zum Abschluss seiner Bayernreise im Freisinger Dom; dort, wo er zusammen mit seinem Bruder Georg am 29. Juni 1951 zum Priester geweiht worden war.

Das Missverständnis

Doch der Bayer Joseph Ratzinger war auch hier als Papst der Weltkirche unterwegs. Und eigentlich fernab jeglicher Folklore-Seligkeit hatte er Botschaften parat, die seinen Zuhörern alles andere als sorglose Selbstzufriedenheit verheißen sollten. Eigentlich sehr sensibel und wohldosiert wollte Benedikt XVI. vor allem mit seinen Reden in München, Regensburg und Freising verdeutlichen, dass der vielzitierte „Kampf der Kulturen“ gar keine Rivalität eigentlicher Kulturen bedeute, sondern vielmehr die Gefahr einer verhängnisvollen Konfrontation von Fanatismus und Nihilismus.

Die massive Kritik, die er in seiner Predigt am 10. September in München-Riem zuerst an der westlich orientierten Welt geübt hatte, jene „Schwerhörigkeit Gott gegenüber“, jener Wahrnehmungsverlust im Glauben und demgegenüber auch jene Hörigkeit, die gottvergessen alles technisch Machbare zum höchsten Ziel erklärt und damit unvermeidlich im Zynismus enden muss, diese Kritik war sehr deutlich formuliert an die Adresse der europäischen und auch amerikanischen Gesellschaften. Dass „die Völker Afrikas und Asiens“ erschrecken würden vor einer Zivilisation mit jener „Art von Vernünftigkeit, die Gott total aus dem Blickfeld des Menschen ausgrenzt und dies für die höchste Art von Vernunft ansieht, die man auch ihren Kulturen beibringen will“, gerade dies befördere die Unfähigkeit des Westens, den von ihm ja immer wieder eingeforderten „Dialog der Kulturen“ führen zu können.

Dabei nahm Benedikt XVI. die Menschen anderen Glaubens ausdrücklich in Schutz: „Nicht im christlichen Glauben sehen sie die eigentliche Bedrohung ihrer Identität, sondern in der Verachtung Gottes und in dem Zynismus, der die Verspottung des Heiligen als Freiheitsrecht ansieht und Nutzen für zukünftige Erfolge zum letzten ethischen Maßstab erhebt. Liebe Freunde! Dieser Zynismus ist nicht die Art von Toleranz und von kultureller Offenheit, auf die die Völker warten und die wir alle wünschen. Die Toleranz, die wir dringend brauchen, schließt die Ehrfurcht vor Gott ein – die Ehrfurcht vor dem, was dem anderen heilig ist. Diese Ehrfurcht vor dem Heiligen der anderen setzt aber wiederum voraus, dass wir selbst die Ehrfurcht vor Gott wieder lernen. Diese Ehrfurcht kann in der westlichen Welt nur dann regeneriert werden, wenn der Glaube an Gott wieder wächst, wenn Gott für uns und in uns wieder gegenwärtig wird.“

Als Papst Benedikt diese Passage seiner Predigt ausgesprochen hatte, da stand ich gerade auf der großen Pressetribüne gegenüber dem Hauptaltar; und ich weiß noch, dass ich vollkommen platt war. Eine derart ambitionierte und, wenn man so will, auch politische Rede hatte ich nicht erwartet. Seine massive Kritik an der Diesseitigkeit des Westens wie aber auch seine gleichzeitige Handreichung in Richtung Islam, vor allem nach den Auseinandersetzungen um die sogenannten Mohammed-Karikaturen, kam so engagiert wie überraschend. Deutlicher konnte man nicht mehr eigene Zurückhaltung wie auch Achtung einfordern gegenüber einer Religion, die auch mehr und mehr in Richtung Europa wächst.

Umso tragischer war es dann, dass diese in München erfolgte, engagierte Aufforderung zu Toleranz gegenüber dem Islam nur wenig später, nach der sogenannten Regensburger Rede, in der Öffentlichkeit überhaupt nicht mehr wahrgenommen wurde – auch nicht in den islamischen Ländern. Im Gegenteil. Die dortigen heftigen Reaktionen, begleitet von Gewaltaktionen radikalislamischer Kreise gegen christliche Einrichtungen im Nahen und Mittleren Osten sowie in Nordafrika hatten gezeigt, wie sehr doch die Verständnisebenen zwischen Orient und Okzident auseinanderklaffen können. Denn niemand im Westen hätte, nach genauer Lektüre des Vorlesungstextes Papst Benedikts in der Regensburger Universität, auch nur daran gedacht, dass ein Zitat eines byzantinischen Kaisers aus dem Mittelalter als persönliche Meinung des gegenwärtigen Papstes missverstanden bzw. uminterpretiert werden würde.

Andererseits wurden im Westen in manchen Medien auch ebenso schnell Erwartungshaltungen entwickelt und transportiert, die nun schlussfolgerten, der Papst müsse sich, um die Situation zu befrieden, für seine Rede entschuldigen. Benedikt XVI. aber hat schließlich in dieser schwierigen Situation das einzig Richtige getan: Nach Rom zurückgekehrt, bemühte er sich in mehreren aufeinanderfolgenden Ansprachen und Erklärungen um Klarstellung des Sachverhalts. Dabei äußerte er immer wieder sein Bedauern, dass einige der Passagen in seiner Regensburger Rede als Beleidigung des Empfindens gläubiger Muslime geklungen hätten, aber ebenso, dass sie in einer Weise interpretiert worden seien, die keinesfalls seiner Intention entsprächen.

Zur Entspannung der Situation hat dann schließlich wesentlich beigetragen, dass Benedikt XVI. am 25. September in seiner Sommerresidenz Castel Gandolfo Botschafter aus über 20 islamisch geprägten Staaten sowie führende Vertreter des italienischen Islamrates zu einer Aussprache eingeladen hatte. In einer sehr nuancierten Rede plädierte der Papst dabei erneut für einen Ausbau des interreligiösen Dialogs, indem er auch das gemeinsame Interesse an einer friedlichen Entwicklung betonte. „Der interreligiöse und interkulturelle Dialog zwischen Christen und Muslimen“, so sagte der Papst, „darf nicht auf eine Saisonentscheidung reduziert werden. Tatsächlich ist er eine vitale Notwendigkeit, von der zu einem großen Teil unsere Zukunft abhängt.“

Dass sich unmittelbar nach dem Treffen in Castel Gandolfo die Botschafter der islamischen Staaten – was ja sonst eher unüblich ist – ganz freimütig gegenüber der zahlreich wartenden Presse geäußert und dabei mehrheitlich positive Kommentare zur vorangegangenen Begegnung mit dem Papst abgegeben haben, dies nährte schließlich auch die Hoffnungen der Vatikandiplomatie auf eine spürbare Intensivierung des angestrengten Dialogs.

Die Reise an den Bosporus

Dennoch war man sich in der Öffentlichkeit alles andere als sicher, ob der seit geraumer Zeit für Ende November angekündigte Besuch Papst Benedikts in der Türkei überhaupt noch stattfinden würde. Sicherheitsbedenken wurden laut, auch angesichts der Tatsache, dass es dort vereinzelt zu Übergriffen militanter Muslime gegen christliche Einrichtungen und Personen gekommen war. Die türkische Regierung griff daraufhin allerdings mit ihren Sicherheitskräften demonstrativ durch und beeilte sich gleichzeitig, zu versichern, dass der Papst in der Türkei willkommen sei. Gleichzeitig erinnerte man sich im Westen aber daran, dass sich ja als einer der ersten und schärfsten Kritiker des Papstes nach der „Regensburger Rede" der Chef der türkischen Religionsbehörde, Ali Bardakoglu, hervorgetan hatte.

Papst Benedikt aber dachte gar nicht daran, den nach den schweren Irritationen und Gewaltausbrüchen dennoch angelaufenen Prozess des interreligiösen Dialoges zu verzögern. Genau genommen hatte er gar keine Wahl. Eine Reiseabsage seinerseits wäre von den radikalislamischen Kräften im Nahen und Mittleren Osten propagandistisch ausgeschlachtet worden, wohl mit dem fatalen Signal an alle Gleichgesinnten, dass sich Gewalt gegen alles Westliche letztlich doch lohne. Außerdem hatte er ein bedeutendes ökumenisches Anliegen: zum Fest des heiligen Andreas am 30. November wollte er mit dem Ehrenoberhaupt der Weltorthodoxie und Patriarchen von Konstantinopel, Bartholomaios, in Istanbul eine Erklärung unterzeichnen, die die vollkommene Einheit von West- und Ostkirche zum dringlichen Ziel erklären sollte.

Auch wenn Papst Benedikt nach seiner Ankunft in Ankara am 28. November 2006 mit souveräner Miene dem Flugzeug entstiegen war – Anspannung und Nervosität waren fast greifbar, auf beiden Seiten. Niemand wusste in dem Moment, wie die doch noch eingeschobene Begegnung mit dem türkischen Ministerpräsidenten Recep Tayyip Erdogan verlaufen, ob gar ein Eklat ins Haus stehen würde, nach den Aufregungen und Reaktionen in der muslimischen Welt nach der „Regensburger Rede". Doch Benedikt XVI. meisterte den ersten, in den Medien als hochpolitisch dotierten Tag souverän. Für große Überraschung etwa hatte die Äußerung Erdogans gesorgt, der der Weltpresse nach einem Vier-Augen-Gespräch mit dem Papst verkündete, Benedikt XVI. habe sich dabei für einen Beitritt der Türkei zur Europäischen Union ausgesprochen.

Bereits in den türkischen Abendnachrichten und -zeitungen bestimmte das die Schlagzeilen zusammen mit den Bildern und Fotos, die den Papst mit Erdogan, darauf dann auch mit Ali Bardakoglu, seinem heftigen Kritiker, zeigten. Auch diese wichtige Begegnung verlief derart harmonisch, ja beinahe freundschaftlich, dass sich viele der Journalisten, die das alles beobachtet hatten, verwundert die Augen rieben. Was war denn jetzt los?

Sollte also alles wirklich nur ein Missverständnis gewesen sein? Nach den auch im Vorfeld erfolgten Protesten mit Demonstrationen gegen den Papstbesuch hatte sich jetzt die Stimmungslage doch sehr wesentlich verändert. Und so gingen viele in der offiziell ja strikt laizistischen Türkei wieder ihren Alltagsgeschäften nach, als sich Papst Benedikt am zweiten Besuchstag ins antike Ephesus begab. Dort in der Nähe wird das sogenannte Marienhaus verehrt; ein Gebäude, in dem die Mutter Jesu Christi ihre letzten Lebensjahre verbracht haben soll. Es gilt Christen und Muslimen gleichermaßen als heilig. Vor den vorwiegend katholischen Christen bekundete Benedikt XVI. während einer Messe seine geistliche Nähe zur christlichen Minderheit in der Türkei.

Er tat dies dabei mit einer Gelöstheit, wie man sie bei ihm etwa anlässlich der Generalaudienzen auf dem römischen Petersplatz kennt.

Es war ihm tatsächlich anzusehen, wie erleichtert, ja befreit Benedikt XVI. war angesichts des gelungenen Auftakts sowie der positiven Reaktionen des ersten Besuchstages. Doch seine Mission, die Entwicklung des interreligiösen Dialoges, hatte eben erst begonnen; sie musste nun nahtlos weitergeführt werden. So bat er an dieser heiligen Stätte die Gläubigen, vor allem für Frieden im Nahen Osten zu beten. „Lasst uns daher von dieser natürlichen Brücke zwischen den Kontinenten aus Frieden und Versöhnung erflehen", so sagte der Papst wörtlich, „für all diejenigen in der Region, die Christen, Juden und Muslime als das Heilige Land betrachten".

Selbst ihm gegenüber sehr kritisch eingestellte türkische Presseorgane zeigten verhaltenes Entgegenkommen, als Papst Benedikt das Zitat eines Vorgängers, des vormaligen Apostolischen Nuntius in der Türkei und späteren Papstes Johannes XXIII., im Wortlaut bekräftigte. Seine Äußerung „Ich liebe die Türken" sollte jedenfalls einen weiteren öffentlichen Stimmungswandel befördern, der die Aufmerksamkeit der türkischen Öffentlichkeit wieder verstärkt auf die Ereignisse der kommenden beiden Tage lenken sollte.

„West-Rom“ und „Ost-Rom“

Aus Sicht der staatlichen türkischen Religionsbehörde ist Patriarch Bartholomaios lediglich der geistliche Vorstand der griechisch-orthodoxen Christen in der Türkei. Die Mehrheit innerhalb der orthodoxen Kirche wie auch die gesamte römisch-katholische Kirche sehen das anders. Für beide großen Kirchen war deshalb der Besuch des „lateinischen“ Papstes beim Erzbischof von Konstantinopel und ökumenischen Patriarchen, dem Ehrenoberhaupt von etwa 300 Millionen orthodoxen Christen, zum Namenstag des heiligen Andreas ein epochales historisches Ereignis.

Seit die Ortskirche von Konstantinopel und die römisch-katholische Kirche am 7. Dezember 1965, zur letzten öffentlichen Sitzung des Zweiten Vatikanischen Konzils in Rom, das verhängnisvolle Schisma des Jahres 1054, also die Trennung der bis dahin vereinten Christenheit, für aufgehoben erklärt hatten, seit damals hatte man starke Hoffnungen auf eine baldige Wiederzusammenführung der Kirchen entwickelt. Dass man die Umstände und Begründungen für die damalige Trennung „dem Vergessen anheimfallen lassen“ wollte, bedeutete aber nicht, dass damit gleichzeitig die Eucharistiegemeinschaft, das heißt die Kirchengemeinschaft, wieder beschlossen worden wäre. Dazu gab es dann – bei allen Ökumenebestrebungen – doch noch erhebliche Meinungsunterschiede, auch und gerade zwischen den unterschiedlichen orthodoxen Patriarchaten.

Um eben diese Situation zu überwinden und weitere Voraussetzungen zu schaffen, um zur vollen Einheit zurückzufinden, hatte man sich also hier in Istanbul, dem vormaligen Konstantinopel, mit seiner weit über 1000-jährigen christlichen Vorgeschichte zur Unterzeichnung einer gemeinsamen Erklärung getroffen. Besonders für die östliche Orthodoxie, deren Mitglieder sich wesentlich intensiver in geschichtlichen Bezügen und Kategorien verankert fühlen als die Gläubigen der Westkirche, war dieser Akt von enormer Bedeutung. Nicht wenigen Patriarchen ist die Eroberung und Plünderung Konstantinopels durch westliche Kreuzfahrer im Jahr 1204 mental so präsent, als wäre es erst gestern gewesen. Und nach wie vor steht eine historische Tatsache auch als Vorwurf im Raum, dass mit diesem fatalen Raubzug das „Rom des Ostens“ derart nachhaltig geschwächt worden war, dass es schließlich im Jahr 1453 einer türkischen Invasion unter Mehmet II. nicht mehr standhalten konnte. Während man im Westen also, wenn überhaupt, nur noch verschwommen von solchen Mittelalterepisoden weiß, schwingen solche Erinnerungen vor Ort hingegen ganz lebhaft mit bei einer Zusammenkunft von so hochrangigen „weströmischen“ und oströmischen“ Kirchenführern.

Entscheidend für dieses Gipfeltreffen mit dem Ziel der Wiederannäherung beider Kirchen aber war, aus orthodoxer Sicht, eine ganz wesentliche Beobachtung, die mit der Persönlichkeit Benedikts XVI. zu tun hat: Dass der gegenwärtige Papst in Rom die Blicke der Gläubigen wieder auf die Ursprünge des Christentums hin ausrichten möchte, dass er den Kern der Wahrheit und die Quelle der Erkenntnis freilegen möchte von der Vielzahl der im Laufe von zwei Jahrtausenden erfolgten und sich widerstreitenden theologischen Sicht- und Deutungsweisen, dies imponierte mindestens in Konstantinopel doch ganz gewaltig. Denn es entspricht letztlich einer Bestätigung dessen, was die orthodoxe Kirche für sich ja mit jeder Faser ihres Daseins in Anspruch nimmt – Hüterin der göttlichen Wahrheit zu sein. So ist es auch zu erklären, dass das in Deutschland heftig umstrittene „Dominus Jesus“-Papier, also die Erklärung, was aus der Sicht der römischen Glaubenskongregation Kirche „im eigentlichen Sinn“ ist und was nicht, in weiten Teilen der Orthodoxie ausgesprochen wohlwollend aufgenommen worden ist.

In dieser Betrachtung bekommen dort auch solche, vermeintlich kleinen Dinge enorme Signalwirkung, die bei uns mehrheitlich nur Achselzucken hervorrufen. So hatte man in der Orthodoxie sehr genau registriert, dass Benedikt XVI. bei seiner Amtseinführung im April 2005 ein Pallium getragen hatte, das in Farbe und Gestaltung denen nachempfunden war, die für Bischöfe des Frühchristentums kennzeichnend waren. Oder dass er später mittels eines „Motu Proprio“ die Lateinische, die sogenannte „Tridentinische Messe“ wieder zugelassen hat, neben dem 1970 reformierten, heute gebräuchlichen und in der jeweiligen Landessprache gehaltenen Gottesdienst.

„Da steht der Priester wieder mit dem Rücken zur Gemeinde“, war die beliebteste Standardkommentierung im Westen, und häufig wurde gar nicht nachgefragt, was es damit im theologischen Sinne eigentlich auf sich hatte. Die Hauptintention ist aber die Ausrichtung der Kirchengemeinde – einem Pilgerzug gleich, inklusive Priester! – nach Osten bzw. einem Kreuz zugewandt, also in die Richtung, aus der nach der Heiligen Schrift der auferstandene Christus erwartet wird. Diese Form der liturgischen Feier und Anbetung bzw. die geographische Ausrichtung war seit den Anfängen des Christentums über die Dauer von nahezu zwei Jahrtausenden bis zu eben jener Liturgiereform im Jahr 1970 auch im Westen absolut gebräuchlich.

Nicht zufällig wurden auch bei uns die mächtigen Kathedralen und Basiliken, die Klosterkirchen bis hin zu den kleinen Dorfkapellen in West-Ost-Richtung gebaut (sofern es bautechnisch möglich war). Diese Hinwendung zum Ursprünglichen also, diese praktizierte Sympathie für das „Unverfälschte“ ist es, die diesen Papst aus der Sicht zahlreicher orthodoxer Geistlicher ebenso als glaubwürdigen Partner erscheinen lassen wie schon zuvor Papst Johannes Paul II. Es ist kein Geheimnis, dass die zahlreichen Besuche des polnischen Pontifex Maximus bei vielen hohen Würdenträgern der orthodoxen Kirche in der Vergangenheit, die Initiative, den Weg der Aussöhnung in einer Art ökumenischer Pilgerschaft von Rom aus zu gestalten, in Übereinstimmung zwischen Karol Wojtyla und Joseph Ratzinger geschehen sind. Denn auch hier setzt Benedikt XVI. für alle erkennbar nahtlos fort, was Johannes Paul II. so zielgerichtet begonnen hat.

Als der Papst also dem hohen Kirchenfest beiwohnte, der orthodoxen Festmesse zu Ehren des Apostels Andreas, des Bruders des Petrus, da sah man ihm durchaus jene Bewunderung an, die er für die sehr intensive und innige Art der liturgischen Gestaltung durch die orthodoxen Geistlichen empfand: eine Tiefe der Anbetung, die das Mysterium des Glaubens räumlich wie auch inhaltlich immer im Mittelpunkt belassen hat.

Benedikt XVI. bekam schließlich im Verlauf dieser Liturgie auch Gelegenheit, eine Ansprache zu halten, während der er die immer noch bestehende Trennung der Kirchen als „Skandal für die Welt" bezeichnete. Er unterstrich dabei auch das Bekenntnis zu einem konsequenten interreligiösen Dialog sowie die Dringlichkeit eines gemeinsamen Aufrufs gegen jede Form von Gewalt und Diskriminierung in der Welt. Bedeutendste Gesten aber waren – noch vor der Unterzeichnung der Erklärung – die gegenseitige Umarmung der Kirchenführer und ein öffentlicher Auftritt auf dem Balkon des Patriarchatsgebäudes, der ein gemeinsames Weitergehen in dem nun eingeschlagenen Weg der Ökumene signalisieren sollte.

Man kann die Bedeutung dieses Ereignisses tatsächlich nicht hoch genug einschätzen, vor allem, wenn man sich den historischen Kontext noch einmal vor Augen führt. Die knapp 1000-jährige strikte Trennung zwischen den beiden Kirchen mit all den damit verbundenen geistlichen wie auch politischen Folgeerscheinungen hat in diesem Zeitraum die Geschichte Europas wie großer Teile Asiens, besonders auch des Nahen und Mittleren Ostens, über ein Millennium hinweg ganz erheblich beeinflusst. Oder anders ausgedrückt: Die Weltkarte würde heute vermutlich ganz anders aussehen, hätte es diese Kirchenspaltung nicht gegeben.

Ein Jahr nach dem Treffen, am 23. November 2007, sollte Benedikt XVI. dem Ökumenischen Patriarchen unter anderem Folgendes schreiben: „Ich möchte Sie daher noch einmal der Verpflichtung der katholischen Kirche versichern, brüderliche kirchliche Beziehungen zu fördern und in unserem theologischen Dialog unermüdlich fortzufahren, um der vollen Gemeinschaft näherzukommen, wie es in unserer ‚Gemeinsamen Erklärung' dargelegt wurde, die im letzten Jahr am Ende meines Besuchs bei Eurer Heiligkeit erstellt wurde."

Hat er jetzt gebetet?

Eine päpstliche Visite in der ehrwürdigen Hagia Sophia war angekündigt, in der einstmals größten Basilika der Christenheit. Es war das erklärte Highlight für die Medien, und doch blieb es lange unklar, ob auch nur eine Fernsehkamera dabei sein würde. Denn das Prachtgebäude, das 1453 nach der Eroberung Konstantinopels durch die Osmanen in eine Moschee umgewandelt worden war, hatte der laizistisch orientierte Staatsgründer Kemal Atatürk 1935 zum Museum erklären lassen. Seitdem sind dort jegliche Gebete von Staats wegen streng verboten.

Aus türkischer Sicht war es deswegen ein Fauxpas, den Papst Paul VI. bei seinem Besuch in Istanbul im Jahr 1967 begangen hatte: Die staatlichen Vorgaben missachtend, hatte er sich in eben jener Hagia Sophia zum Gebet niedergekniet. Solche Erfahrungen beförderten natürlich nicht gerade die Bereitschaft der Behörden, die Genehmigung zur Live-Berichterstattung zu erteilen. Papst Johannes Paul II. wiederum hatte eine solche sichtbare Gebetsbezeugung in der Hagia Sophia vermieden. Aber wie würde sich Benedikt XVI. verhalten? Würde es Live-Bilder geben?

Als zuständige Fernsehreporter waren wir in Istanbul auf diese Szenen dringend angewiesen, denn schließlich hatten nahezu alle beteiligten Fernsehsender in ihren Programmen für dieses Ereignis Sendeplätze „freigeschaufelt", sprich: das übliche Programm aus aktuellen Gründen abgesagt oder auf einen späteren Zeitpunkt verschoben. Man weiß aus Erfahrung, dass die Fernsehzuschauer das nur dann akzeptieren, wenn stattdessen wirklich etwas aktuell Wichtiges oder Außergewöhnliches kommt. Wenn das dann schließlich aber doch nicht kommt, ist es das miserabelste aller Ergebnisse. Da haben Zuschauer im Nachhinein auch ein wahrhaft langes Gedächtnis. Und Lust zum Verfassen entsprechender Zuschauerbriefe – berechtigterweise. Holger Stühmer, der in Istanbul zuständige Produktionsleiter für die Programme der ARD und dabei auch der des Bayerischen Fernsehens, telefonierte sich wie viele andere seiner Kollegen in stundenlangen Gesprächen sozusagen beide Ohren ab, um herauszukriegen, ob es nun diese Bilder des türkischen Fernsehens geben würde oder nicht.

Mit einem Mal kam das erlösende „Ja“, und alle Produktionstechniker, Producer, Journalisten und Moderatoren der angereisten Fernsehstationen atmeten auf; man würde noch rechtzeitig auf Position und pünktlich auf Sendung sein.

Schließlich sah man dann auf allen Monitoren Papst Benedikt, wie er die Hagia Sophia betrat; wie er sich, dem Bild einer klassischen Museumsführung entsprechend, von den zuständigen Sachkundigen und Dolmetschern die Details erklären ließ. Er ging sehr bedächtig durch das mächtige ehemalige Kirchenschiff, blickte nach oben, blickte zur Seite und bewegte sich so in Richtung Apsis. Als er, begleitet von den beredten Museums-Fachleuten, vor dem ehemaligen Altarraum schließlich stehenblieb, da war der Moment gekommen, als alle Beobachter, die Fernsehzuschauer, die Journalisten, die Behördenvertreter allesamt rätselten: Tut er's, oder tut er's nicht?

Papst Benedikt löste diese heikle Situation, wenn es für ihn denn eine solche gewesen sein sollte, auf seine ganz eigene Weise. Er vermied eine die Gastgeber brüskierende Situation. Er kniete nicht nieder. Man sah ihm auch nicht an, dass er irgendwie im Gebet verharrt wäre. Willig lauschte er den Ausführungen seiner türkischen Begleiter. Aber die Fernsehkamera hielt dennoch fest, wie er mit einem kurzen, aber festen Blick nach oben der dort im Apsismosaik befindlichen Madonna mit Jesuskind einen Gruß zusandte. Ihm genügte dies voll und ganz. Und selbst nach den strikt laizistisch ausgerichteten Weisungen des türkischen Staates dürfte das eben noch „politically correct“ gewesen sein.

Rückblickend sollte das Hauptaugenmerk der Medien aber, mehr noch als dem Besuch der Hagia Sophia, der anschließenden Visite der sogenannten Blauen Moschee von Istanbul gelten. Denn hier geschah etwas, womit tatsächlich niemand gerechnet hatte. War es schon eine Sensation gewesen, dass – wie im syrischen Damaskus mit Papst Johannes Paul II. – ein Papst zum ersten Mal eine Moschee betreten hatte, so kam jetzt mit Benedikt XVI. ein sehr bedeutender interreligiöser Akzent hinzu. Denn alle Welt konnte durch die Fernsehkamera in Großaufnahme sehen, wie der neben dem betenden Großmufti stehende Papst, der Gebetshaltung eines gläubigen Moslems nicht unähnlich, mit halb geschlossenen Augen die Lippen bewegte.

Was war das? Hatte der katholische Papst tatsächlich in einer Moschee gebetet? Zusammen mit einem moslemischen Geistlichen? Von jetzt auf gleich gab es einen Ansturm der Journalisten auf den mitgereisten Pressestab des Vatikan, der im ersten Moment selbst in arger Erklärnot schien. Denn wenn es so gewesen wäre, wie viele vermuteten, dann hätte dies einen Akt von erheblicher theologischer Tragweite bedeutet. Etwas, dessen Folgen in der Beziehung zwischen Islam und Christentum noch gar nicht abzuschätzen waren, zumindest nicht kurzfristig.

Von der Erklärformel, die dann folgte, hing also eine Menge ab. Erwartungsgemäß übte man sich in größtmöglicher Vorsicht. Der Papst habe in der Moschee nicht gebetet, hieß es dann, sondern vielmehr „in Meditation innegehalten“. Gewissermaßen entsprach das dem kleinsten gemeinsamen Nenner, den man im Wissen um den gemeinsamen Ursprung der Religionen Judentum, Christentum und Islam im Stammvater Abraham vertreten konnte.

Aber schließlich sagt ein Bild mehr als tausend Worte, und die Nachricht vom vermeintlich „betenden Papst in der Moschee“ verbreitete sich auch in der islamischen Welt in Windeseile. Spätestens jetzt hatte Benedikt XVI. in der Türkei das Eis gebrochen. In Kommentaren äußerte man sich mehrheitlich lobend über den Papst, der eine respektvolle Haltung gegenüber dem Islam gezeigt habe, als einen Pontifex Maximus, der in der Tat ein Brückenbauer zwischen Orient und Okzident sei. Ebenso war registriert worden, dass der Papst als Gastgeschenke katholische Rosenkränze überreicht hatte, die von den Muslimen auch dankend angenommen worden waren. In einer Moschee! Auch dies fast schon eine Sensation.

Der „Friede von Istanbul“ war tags darauf das geflügelte (Medien-)Wort in der Bosporusstadt, und ein wahrhaft entspannt wirkender Papst zelebrierte in der Heilig-Geist-Kathedrale von Istanbul eine Messe für die Gläubigen der örtlichen christlichen Konfessionen. Neben dem griechisch-orthodoxen Patriarchen Bartholomaios nahmen auch führende Vertreter der syrischen, armenischen und chaldäischen Katholiken sowie protestantische Gemeinschaften teil. Die in zahlreichen europäischen wie asiatischen Sprachen abgehaltene Messe war mit christlich-orientalischen Gesängen unterlegt worden, ein gewollter Verweis auf Universalität wie aber auch Herkunft dieser Weltkirche.

Vor diesem Hintergrund forderte Benedikt XVI. die unterschiedlichen christlichen Konfessionen erneut zu verstärkten ökumenischen Anstrengungen auf. Mit Blick auf die eingeschränkten Rechte von Christen in der Türkei betonte er schließlich, dass die Kirche niemandem etwas aufzwingen wolle. Sie bitte nur darum, in Freiheit leben zu dürfen.

Am Ende der Pastoralreise, unmittelbar vor seinem Rückflug nach Rom, bedankte sich das damals 79-jährige Kirchenoberhaupt bei den türkischen Gastgebern. „Ein Teil meines Herzens bleibt in Istanbul", sagte er, und – es freue ihn, wenn sein Besuch zu einem besseren Verständnis zwischen den Kulturen, besonders zwischen Islam und Christentum, beigetragen habe.

Die Reise nach Brasilien

Ein Pilger hatte sie im Jahr 2006 errichtet, aus Dankbarkeit für eine wundersame Heilung. Seitdem blickt die über zehn Meter hohe Marienfigur von ihrer Anhöhe aus hinab in das Tal von Aparecida, dem bedeutendsten Marienwallfahrtsort Südamerikas. Zwei Päpste hatten ihn schon besucht, und nun sollte in Kürze auch Benedikt XVI. hierherkommen. Eine bedeutende Versammlung aller Bischöfe Lateinamerikas und der Karibik würde hier stattfinden; das sind Regionen, in denen heute beinahe die Hälfte der weltweit über eine Milliarde Katholiken lebt. Eine Tagung also, die Weichen stellen sollte für die Zukunft einer Kirche, der sich in Süd- und Mittelamerika nach wie vor viele hundert Millionen Menschen zugehörig fühlen.

Als ich zusammen mit den Teamkollegen vom ARD-Studio Vatikan Anfang Mai 2007 hierhergereist war, um eine Reportage über diesen Papstbesuch anzufertigen, da wurde auf dem Vorplatz der Basilika von Aparecida noch heftig gearbeitet. In Erwartung der Ankunft Benedikts XVI. in Brasilien hatte die örtliche Kirchenverwaltung versucht, den Pilgeransturm möglichst realistisch einzuschätzen. Die ständig aktualisierten Zahlen, die man von den jeweiligen Pilgerbüros erhalten hatte, deuteten dann doch darauf hin, dass der Aufbau zusätzlicher Tribünen und Podeste nicht verkehrt sein würde. Schließlich rechnete man allein hier in Aparecida mit der Anreise mehrerer Hunderttausend Menschen, die die feierliche Eröffnung der Bischofsversammlung mit der Bezeichnung CELAM miterleben wollten.

Auch im Innern der riesigen Kirche, mit deren Bau im Jahr 1955 begonnen wurde und die im Größenvergleich durchaus an den Petersdom in Rom erinnert, liefen die Vorbereitungen auf Hochtouren. An allen Ecken und Nischen wurde gearbeitet, gehämmert, geschweißt und gemörtelt; wahrhaft ein gigantisches Bauprojekt, das noch über – geschätzt – Jahrzehnte die zahlreichen am Bau beschäftigten Menschen in Lohn und Brot halten wird. Das spendenfinanzierte Projekt basiert auf einer cleveren Geschäftsidee: die Pilger werden um Spenden gebeten mit der Zusicherung, dass jeder einzelne Geldgeber als Miterbauer dieses Nationalheiligtums später namentlich in den Wallfahrts-Urkunden geführt werden wird. Als „Miterbauer“ erwirbt man einfach einen Ziegelstein oder auch mehrere, die dann – sozusagen im Auftrag – verbaut werden. Das Konzept scheint zu funktionieren. Jedenfalls ließ die äußerst rege Bautätigkeit in diesen Maitagen diesen Schluss zu; und auch jetzt, mitten in Hektik und Baustellenlärm, fanden sich zahlreich Pilger ein, um andächtig vor dem modernen Schrein der „Nossa Senhora“, der Schwarzen Madonna, zu beten. Seit Fischer die Statue im Jahr 1717 in einem nahe gelegenen Fluss gefunden haben, werden der Aparecida, der „Erschienenen“, zahlreiche Wunder und noch mehr Gebetserhörungen zugeschrieben.

Sao Paulo am 9. Mai 2007. Just als nach zwölfstündigem Flug Papst Benedikt dem Flugzeug entsteigt, wirbelt ein jäher Temperatursturz mit Regenschauern und Windböen das offizielle Begrüßungsprotokoll durcheinander. Zwar gibt es, wie ursprünglich vorgesehen, eine Begrüßung durch Brasiliens Staatspräsident Lula da Silva vor dem Flugzeug. Der Rest der Zeremonie aber wird, wesentlich verkürzt, in einen nahe gelegenen Hangar verlegt.

Das passte aber insofern, als schon aus der Begrüßungsrede Papst Benedikts klar werden sollte, dass er nicht gekommen war, um Schönwetterpredigten zu halten. Höflich und deutlich zugleich verwies er dabei auf die Notwendigkeit des Schutzes der Familie auch in Brasilien sowie auf die Verpflichtung zum, so der Papst, „Respekt vor dem Leben von seiner Empfängnis bis zu seinem natürlichen Ende". Zugleich nannte er Brasilien eine „Nation mit großer katholischer Tradition" und die bevorstehende Bischofskonferenz ein Signal, die religiöse Identität des ganzen, so der Papst, „Kontinents der Hoffnung" zu stärken.

Staatspräsident Lula da Silva bezeichnete die Anwesenheit Benedikts XVI. in Brasilien wörtlich als „Segen". Die spirituelle und moralische Führung des Papstes sei, so der Präsident, unabdingbar, damit die Menschheit die Herausforderungen des neuen Jahrtausends bewältigen könne.

Auch an der Vielzahl der angereisten Medienvertreter wurde deutlich, welche weltweite Aufmerksamkeit speziell diese Reise des Papstes erregte. Brasilien als größtes katholisch geprägtes Land der Erde hat zweifelsohne eine Schlüsselfunktion für die Zukunft der katholischen Kirche auf dem ganzen Kontinent. Denn Brasilien steht inzwischen auch für Verelendung vieler Millionen Menschen, für Kriminalität und Gewalt, für theologischen Richtungsstreit und Abwanderung zahlreicher Katholiken zu Sekten und Freikirchen.

Papst Benedikt selbst konnte sich während eines Hubschrauberfluges einen ersten Überblick verschaffen allein über das Ausmaß der 2000 Elendsviertel, die das Zentrum Sao Paulos umringen – einer Stadt mit extremen sozialen Gegensätzen. Überbordender

Wohlstand und bitterste Armut, schreiende Not und provozierende Gleichgültigkeit in unmittelbarer Nachbarschaft – eine geteilte Stadt. Dazu kommt die extreme Gewaltbereitschaft in den Vorstädten, den sogenannten Favelas. Hochgerüstete Drogenbanden haben dort das Sagen, fast täglich kommt es zu Schießereien und Morden. Wer dort aufwächst, hat so gut wie keine Chancen, den alles beherrschenden Verbrecherclans zu entkommen. Ohne Arbeit, ohne Hoffnung, ohne Perspektive. Besonders in diesen Problemzonen liefen der katholischen Kirche in der Vergangenheit die Gläubigen davon, hin zu Sekten und evangelikalen Freikirchen, die mit allerlei Heilsversprechungen erfolgreich Mitglieder anwerben.

Hatte die katholische Kirche also hier versagt, ausgerechnet hier, wo sie eigentlich sein sollte, bei den Ärmsten und Bedürftigen?

Bald darauf im Zentrum Sao Paulos. Viele Menschen waren unterwegs, Papst Benedikt sollte in Kürze eintreffen. Trotz des regenkalten Wetters waren die Straßen dicht gesäumt mit Wartenden, die dem Papst aus Rom einen freundlichen Empfang bereiten wollten. Trotz der erheblichen Übertritte zu anderen Glaubensgemeinschaften hatten sich laut zeitnahen Umfragen immer noch an die siebzig Prozent der Brasilianer als katholisch bezeichnet. Auch heute noch ist Brasilien mit 156 Millionen Gläubigen zahlenmäßig das katholikenreichste Land der Welt.

Es war schon dunkel geworden, als Benedikt XVI. in seinem Papamobil und tausendfach von den Menschen umjubelt an seinem päpstlichen Refugium, dem Benediktinerkloster Sao Bento, ankam. Hier sollte der Papst wohnen während des Aufenthaltes in Sao Paulo. Neben den Jesuiten, deren Missionare im Jahr 1554 Sao Paulo gegründet hatten, waren es vor allem auch die Benediktiner gewesen, die das spirituell-katholische Leben der

Brasilianer entscheidend geprägt hatten. In Sao Bento verfügten sie darüber hinaus auch über eine Kirche, der Benedikt XVI. ganz besonders zugetan war, denn sie war im Jahr 1911 von bayerischen Benediktinern grundlegend restauriert und ausgestaltet worden. Zum Kloster gehörig war auch ein Kreuzgang mit tropischem Garten – eine kleine abgeschirmte Idylle, die wir noch kurz vor der Ankunft des Papstes filmen durften. Papst Benedikt sollte hier – neben dem Gebet und der Meditation – wenigstens für kurze Zeit die nötige Ruhe finden in den Tagesabläufen, die bestimmt waren von öffentlichen Auftritten und einem wieder mal prall gefüllten Terminkalender.

Denn nur wenige Meter von dieser stillen Idylle entfernt, am Haupteingang zum Kloster, standen sie schon, dicht gedrängt, tagelang. Tatsächlich regelrecht belagert wurde Sao Bento von vielen Tausend Menschen, die nur darauf warteten, dass sich Benedikt XVI. am Fenster zeigen würde, um den Gläubigen mehrmals täglich den päpstlichen Segen zu spenden. Nicht nur aus den weitverzweigten Landesteilen Brasiliens, sondern aus ganz Mittel- und Südamerika waren Menschen hierhergereist. Und jedes Mal, wenn sich Papst Benedikt am mit Panzerglas gesicherten Balkon zeigte, brach ein unbeschreiblicher Jubel los. Bilder und Szenen, die für sich allein genommen Bände sprachen und gleichzeitig einem nüchternen Mitteleuropäer wohl nur ganz schwer zu vermitteln waren. Denn wenn man sich schon in Europa für etwas länger anstellt, sogar über Nacht bei Wind und Regen im Schlafsack auf dem Gehsteig übernachtet, dann doch wegen ganz anderer Sachen: die neueste Spielekonsole, das Multi-Media-Handy oder den letzten Harry-Potter-Band. Das ist auch okay. Aber ein solcher Auftrieb wie der hier – für den Papst?

„Ja, es ist wirklich sehr beeindruckend", schrie uns eine junge Argentinierin inmitten des Jubelgetöses ins Kameramikrofon.

„Weil er uns hier so nah ist", ergänzte eine andere, „er strahlt so viel Herzlichkeit aus, wir wollen jetzt noch mehr von ihm hören ..." Andere Wartende waren, unmittelbar nachdem der Papst den Segen erteilt hatte, derart ergriffen und in Tränen aufgelöst, dass sie nicht in der Lage waren, zu sprechen. Die weitaus meisten aber befanden sich in einer Art Dauereuphorie, so, als habe Brasilien eben wieder die Fußball-Weltmeisterschaft gewonnen.

Schließlich gerieten wir an jenen Mann, der sich inmitten des ganzen Rummels vergleichsweise ruhig und zurückhaltend verhalten hatte: „Ich bin mit dem Flugzeug gekommen", sagte er, „es sind sieben Stunden von Ecuador bis nach Sao Paulo – aber das ist wenig, wenn man bedenkt, dass wir hier mit dem Heiligen Vater zusammensein können ..."

Dass es schließlich nicht doch noch – im wahrsten Sinne – zum „Begeisterungssturm" auf das Sao-Bento-Kloster gekommen ist, das lag vermutlich an der Vielzahl der Sicherheitskräfte, die das Areal hermetisch abgeriegelt hatten. Denn für Brasiliens Militär und Polizei galt in diesen Tagen Sicherheitsstufe eins: „Null Risiko" hieß die Devise, allein 20.000 Soldaten waren im Einsatz – viermal mehr als beim vergangenen Besuch von George W. Bush im März desselben Jahres.

Am Tag nach der Ankunft fand sich Benedikt XVI. im Bandeirantes-Palast in Sao Paulo ein zu einem Höflichkeitsbesuch beim brasilianischen Staatspräsidenten. Viele Medien mutmaßten an diesem Tag, es würde beim Vieraugengespräch hinter verschlossenen Türen sicherlich um das Thema Abtreibung gehen, plante doch die brasilianische Regierung zu dem Zeitpunkt die Lockerung des bestehenden Gesetzes. Nur Stunden zuvor hatte Papst Benedikt die Entscheidung Mexikos, Abtreibungen zu erleichtern, deutlich kritisiert und mögliche Konsequenzen, wie sie sich aus dem Kanonischen Recht ergäben, erläutert, nämlich die Möglichkeit einer künftigen Nichtzulassung der Entscheidungsträger zur Kommunion.

Doch die gemutmaßte Konfrontation blieb aus. Vielmehr, so eine offizielle Presseerklärung des Präsidialamtes später, sei es um Armutsbekämpfung in Afrika und in diesem Zusammenhang um die Förderung von Bio-Treibstoff gegangen – was durchaus nachvollziehbar erschien. Denn gerade nach den deutlichen Worten zur Begrüßung am Flughafen musste der Papst dem brasilianischen Staatspräsidenten sicher nicht zweimal predigen.

Gleich danach kam es im Sao-Bento-Kloster zu einem Treffen mit Vertretern anderer Kirchen und Glaubensgemeinschaften. Dabei besprach sich Benedikt XVI. mit den örtlichen Repräsentanten der Protestanten, etwa dem lutherischen Pastor Carlos Möller wie auch dem Präsidenten der Evangelischen Kirche Lutherischen Bekenntnisses, Walter Altmann; des Weiteren mit Vertretern der Orthodoxen, der Juden und Muslime Brasiliens. Der Oberrabbiner von Sao Paolo, Henry Sobel, nannte Benedikt dabei einen Freund des jüdischen Volkes, die Begegnung mit dem muslimischen Scheich Armando Hussein Saleh verlief in ausgesprochen entspannter Atmosphäre. Beinahe schon wieder eine Bilderbuchszene des interreligiösen Dialogs.

Bei einem anschließenden Mittagessen mit den Benediktinermönchen des Klosters sowie brasilianischen Bischöfen hielt Benedikt XVI. dann eine kleine Rede, in der er in gewisser Weise inhaltlich anknüpfte an seine Predigt, die er in München gehalten hatte:

„Ich möchte der mönchischen Gemeinschaft Danke sagen für diese wirklich außerordentliche Gastfreundschaft. Wir wissen ja, dass die Gastfreundschaft eine grundlegende Tugend der Benediktiner ist, und genauso werden wir auch behandelt. Das ermutigt uns dahingehend, dass das mönchische Charisma, das Charisma des heiligen Benedikt, immer noch lebendig ist und die Türen öffnet für die Zukunft.

Ich habe auch mit großer Befriedigung gehört, dass es hier eine philosophische Fakultät gibt. In diesen Momenten eines sehr aggressiven Laizismus, der die ganze intellektuelle Welt erobern und vorgeben möchte, der Glaube sei nur unter dem Niveau der Intellektualität anzusiedeln, da ist es wichtig, eine solche Fakultät zu haben, die den Verstand öffnet für größere Horizonte, die hilft, Gott zu erkennen, nach Gott zu leben und die Sinnfülle unseres Glaubens zu verstehen."

Anschließend überreichte der Papst den brasilianischen Bischöfen eine Spende: 200.000 Dollar zur Unterstützung des Amazonien-Projekts, einer katholischen Hilfsaktion zugunsten der Ureinwohner des Regenwalds.

Die Letzten werden die Ersten sein

Am gleichen Tag nachmittags, vor dem Stadtstadion Sao Paulos. Wir hatten uns mit der Kamera in der Nähe des Eingangs postiert, um einige Stimmen von Jugendlichen einzufangen, die zum Jugendtreffen mit Papst Benedikt angereist waren. Doch für viele war die Enttäuschung groß, als sie bemerkten, dass das Stadion schon voll und die Eingänge bereits geschlossen waren.

Etliche waren von weit her und auf gut Glück angereist; nun standen sie wenig glücklich da und berieten, was sie tun sollten. Da die Zahl der „Ausgeschlossenen" aber immer noch stetig anwuchs, stiegen auch wieder Zuversicht und die Erkenntnis, sich nun nicht entmutigen zu lassen. Immerhin hatte man hier voraussichtlich die Möglichkeit, den Papst bei der Einfahrt ins Stadion zu begrüßen. Und so wechselte die Stimmung der Jugendlichen allmählich von Enttäuschung zu einem trotzigen „Jetzt-erst-recht"-Gefühl.

„Ich bin einfach froh, dass ich hier bin", sagte uns eine Paulista, eine Stadtbewohnerin. „Es ist hier vielleicht sogar besser als drinnen bei den Vorgruppen und Showbands. Wir kommen ohnehin nur wegen des Papstes – und wegen Jesus Christus." Und ein anderer: „Ich spüre hier viel Emotion und viel Freude – ich sehe den Papst zwar nur aus der Ferne, aber es bewegt mich trotzdem."

Die Letzten werden die Ersten sein – und umgekehrt. Denn als gegen Abend die Ehrenkolonne mit Benedikt XVI. anrollte und der Papst die stattliche Menge der Unverdrossenen erblickte, die da heraußen auf dem dunklen Vorplatz auf ihn gewartet hatten, während die anderen seit Stunden im Stadion mit Musik und Showeinlagen unterhalten wurden, da ließ er die Kolonne eine Extraschleife drehen. Er bewegte sich ganz langsam mit seinem Papamobil entlang der Reihe der jetzt ganz aufgeregten Jugendlichen und grüßte und winkte und segnete sie. Und viele waren jetzt erst recht aus dem Häuschen. Denn ganz unerwartet waren sie so dem Oberhaupt der katholischen Kirche viel näher gekommen als die 35.000 auf ihren Sitzplätzen im Stadion.

Die wiederum hatten es sich nicht nehmen lassen, Benedikt XVI. wie einen Superstar zu feiern, als er das Papamobil verlassen und die Stadiontribüne betreten hatte. Minutenlang Standing Ovations und Dauer-Blitzlichtgewitter. Dann wurde in unterschiedlichen Darbietungen vor dem Papst gesungen und getanzt, die kulturelle Vielfalt des Landes choreographisch dargestellt. Doch bei allen Showeinlagen – die Jugendlichen wussten wahrscheinlich, dass dies keine simple Wohlfühlveranstaltung werden würde.

Was der Papst ihnen schließlich sagte, war denn auch unbequem, weil komplett unzeitgemäß – und dennoch hörten sie aufmerksam zu. Benedikt mahnte die Ideale des Glaubens an, die Achtung des Ehesakraments und die sexuelle Enthaltsamkeit vor der Ehe. Zugleich forderte er die Jungen auf, intensiv zu leben, nämlich sich für Menschenrechte einzusetzen und den Schutz der Umwelt. „Lebt mit Begeisterung, mit Freude, aber lebt vor allem mit Sinn für Verantwortung", rief Benedikt und machte sich sogleich daran, hier die Chancen, vor einer derart aufnahmebereiten und gleichzeitig jungen Hörerschaft von Gott zu künden, vollständig auszuschöpfen. Viele junge Menschen litten heute unter Lebens- und Versagensängsten, sagte er und lieferte die Begründung gleich hinterher: weil ihnen die Hoffnung fehle. Diese Hoffnung aber wie auch die Quellen des Glücks, so Benedikt, seien schließlich zu finden in einem auf Gott hin ausgerichteten Leben.

Mit dieser Ansprache sollte der Papst jenen Teil der Reise einläuten, der das Augenmerk auf die aktuellen Probleme des Landes richten sollte, in diesem Fall auf die schwierige Situation der Jugend, die in Brasilien ganz besonders von Gewalt, Kriminalität und Drogen bedroht ist sowie unter Arbeitslosigkeit und Perspektivelosigkeit leidet. Deshalb appellierte er auch an die Jugendlichen, nicht zu resignieren und im Glauben weiterzugehen, neue Hoffnung in Gott zu schöpfen.

Mit langanhaltendem Applaus bedankten sich die Jugendlichen wie auch einen Tag später die etwa eine Million Gläubigen, die sich zur kirchengeschichtlich ersten Heiligsprechung eines Brasilianers, des Franziskanerpaters Frei Galvao, auf dem Campo de Marte in Sao Paulo eingefunden hatten. Der im Lande geborene Galvao hatte sich im 18. Jahrhundert aufopfernd um Arme und Kranke, Bedrängte und Benachteiligte gekümmert – er steht vorbildhaft für das, was die Kirche von jedem gläubigen Christen verlangt: Friedens- und Nächstenliebe im Glauben an Gott und im Dienst an der kirchlichen Gemeinschaft. Insofern wurde an diesem Tag aus dem Brasilianer Galvao ein sehr moderner – oder besser gesagt: aktueller – Heiliger, denn viele der Schwierigkeiten, die er damals mit Hilfe seines Glauben zu überwinden suchte und die auch die Kirche insgesamt bedrängten, sie sind heute immer noch präsent.

In seiner Predigt schließlich schnitt der Papst dann eines der heißen Eisen an; mit deutlichen Worten erteilte er einer politischen Vereinnahmung der Befreiungstheologie eine erneute Absage. „Die wahre Revolution“, so Benedikt, „die entscheidende Veränderung der Welt, sie kommt von Gott.“

Auch in der Catedral Metropolitana, der größten Kirche der Stadt, sollte Papst Benedikt vor den versammelten brasilianischen Bischöfen die Probleme des Landes und der Kirche offen ansprechen. Politiker wie Geistliche müssten mehr Verantwortung übernehmen für die Armen und Verelendeten. „Eine historische Krise in der sozialen Entwicklung“ sei erkennbar, so der Papst, mit Massenelend und drastischen Einkommensunterschieden. Während die Politik der Wirtschaft ein menschliches und solidarisches Gesicht geben müsse, seien die Priester gefordert, eine mutige und dynamische Missionierung zu starten, zur, so Benedikt, „Rettung der Seelen, jeder einzelnen“. „Die Armen sind die ersten Adressaten des Evangeliums“, rief Benedikt. Denn vor allem sie bräuchten Hilfe und Unterstützung zur Wahrung ihrer Rechte wie auch bei der Hinführung zum wahren Glauben.

Für die Hoffnung

Alle packten mit an, denn auch hier blieb nur noch wenig Zeit bis zum Eintreffen des Papstes. Zusammen mit professionellen Arbeitskräften arbeiteten die Jugendlichen aus aller Welt rund um die Uhr – schließlich sollte die Fazenda da Esperança, das Drogenentzugsprojekt des deutschen Franziskanerpaters Hans Stapel, im besten Licht erscheinen. Sogar eine Kapelle wurde errichtet, geformt als Zelt und mit blauen Gläsern, was dem Inneren eine tatsächlich außergewöhnliche Aura verlieh.

Projektgründer Stapel freute sich schon unbändig auf die bevorstehende Einweihung durch Benedikt XVI. Der Geistliche schilderte uns in einem Interview, wie überrascht er gewesen war, als Papst Benedikt ganz spontan einem Besuch auf der Fazenda zugestimmt hatte.

Das Projekt ist tatsächlich überaus erfolgreich: Unter geistlicher Betreuung bekommen hier Drogensüchtige die Chance, von ihrer Sucht loszukommen – ohne Medikamente, sondern mit täglicher regelmäßiger Arbeit und dem Gebet. Jeweils um die achtzig Prozent der sogenannten Rekuperanten schaffen den erfolgreichen Entzug während eines einjährigen Aufenthaltes auf der Fazenda. Geschenkt wird ihnen dabei nichts, auch für die tägliche Verpflegung müssen sie selbst sorgen. Dafür bekommen sie etwas Entscheidendes vermittelt – das Grundlegende an Glauben und Hoffnung, das den Weg wieder öffnen kann für ein neues, befreites Leben.

45 weitere Fazendas gleichen Zuschnitts gibt es inzwischen weltweit, zwei davon in Deutschland. Schon 15.000 Hilfesuchende haben so in den Fazendas den Weg aus der Drogenhölle geschafft. Ein Weg, der nicht einfach ist, aber denjenigen, die ihre Sucht überwinden können, eine neue Perspektive eröffnet.

„Ich bin seit sieben Monaten auf der Fazenda", erzählte uns zum Beispiel der knapp 30-jährige Marcos, der als schwerst Heroinabhängiger hierhergekommen war. „Ich habe ein sehr schlechtes Leben hinter mir, die Fazenda aber hat mein Leben gerettet und auch meiner Familie geholfen." Dann schüttelte er uns allen kräftig die Hände und strahlte über das ganze Gesicht: „Wir alle sind jetzt endlich glücklich ..."

Eskortiert von polizeilichem Ehrengeleit, kam Papst Benedikt schließlich am Samstag, dem 12. Mai, in der Fazenda da Esperança an. Alles war noch rechtzeitig fertig geworden, auch die Kapelle, das künftige geistliche Zentrum der Fazenda. Der Papst schien äußerst beeindruckt von dem, was hier – etwa drei Autostunden von Sao Paulo entfernt – mitten in der hügeligen Dschungel-Landschaft von Hans Stapel wie aber auch den sogenannten Klarissen-Schwestern aus dem Boden gestampft worden war. Denn der Erfolg des Zentrums ist zum wesentlichen Teil den Ordensfrauen zu verdanken; vor allem sie sind es, die sich in aufopferungsvoller Arbeit um die Abhängigen kümmern und sie als ständige geistliche Ansprechpartnerinnen mit viel Geduld in der Therapie begleiten.

Als Papst Benedikt dann mit den vielen Tausend Jugendlichen zusammentraf, darunter zahlreichen „Ehemaligen" der Fazenda, da wurde unvermittelt klar, warum ihm die doch beschwerliche Autofahrt in diesen abgelegenen Teil des Landes so wichtig gewesen war. Denn genau hier fand er – beinahe exemplarisch – vor, was er zuvor den Jugendlichen im Stadtstadion vermitteln wollte: Hoffnung, die Veränderung brachte, weil sie auf Gott hin ausgerichtet war. Als vormalige Drogensüchtige auf einem Podest und über Mikrofon unter Tränen ihre äußerst tristen und tragischen Lebensbedingungen schilderten, ihre Zusammenbrüche, um endlich aber auf der Fazenda die Befreiung von ihrer Sucht und ihrer Hoffnungslosigkeit zu erleben, da zeigte sich vor allem Papst Benedikt sehr bewegt. Als die Betroffenen auf ihn zukamen, da umarmte er sie, spendete ihnen den Segen und rief sie gleichzeitig dazu auf, nunmehr als „Botschafter der Hoffnung“ anderen beizustehen.

Danach bestärkte er die Hilfsorganisationen weltweit in ihrer Arbeit. Gott würde besonders jene lieben, die unter solchen Abhängigkeiten litten, sagte er, und jene segnen, die ihre Hilfe anböten. Insbesondere hob er dabei das Engagement der Ordensfrauen hervor und dankte ihnen für ihre Gebete und ihre schwierige Arbeit.

Gegen Ideologie

Sonntag, 13. Mai – Aparecida. Bedeutsamer Höhepunkt der Brasilienreise Papst Benedikts. Mehrere Hunderttausend Menschen waren gekommen zur feierlichen Festmesse, zugleich die offizielle Eröffnung der fünften Vollversammlung der lateinamerikanischen Bischöfe. Welchen Verlauf würde sie nehmen und welche Konsequenzen würden daraus erwachsen für die davon betroffenen über 450 Millionen Katholiken aus Mittel- und Südamerika sowie aus der Karibik?

In aller Deutlichkeit verurteilte der Papst noch einmal eine politisch ausgerichtete Befreiungstheologie. Nicht politische Ideologien, soziale Bewegungen oder Wirtschaftssysteme seien das Fundament der Hoffnung der Menschen, sondern, so Benedikt wörtlich, „der Glaube an Gott als die Liebe, der in Jesus Christus Fleisch geworden, gestorben und auferstanden ist“. Die Kirche dürfe sich nicht in Realitätsflucht ergeben, sondern müsse jetzt vielmehr eine „unwiderstehliche, missionarische Kraft“ entwickeln, um den Armen und Bedrängten beizustehen.

Besonders die 270 Bischöfe und Delegierten erinnerte Benedikt XVI. am letzten Tag seiner Reise mit einer programmatischen Rede an ihre Verantwortung, an ihre Verpflichtung zu wegweisenden Entschlüssen für die Zukunft der lateinamerikanischen Kirche. Es war ein leidenschaftlicher Appell, ein Aufruf zu sozialer Gerechtigkeit und zum Einsatz zugunsten der Armen und Benachteiligten. Denn die Globalisierung, so Papst Benedikt, bringe die Tendenz zum bedingungslosen Profitstreben mit sich und die Gefahr der Bildung großer Monopole. Mit Sorge äußerte sich der Papst über „autoritäre Regime“ in Lateinamerika, mit Ideologien, die man überwunden glaubte und die nicht mit der christlichen Sicht des Menschen und der Gesellschaft übereinstimmten. Mit Blick auf die Abwanderungstendenzen katholischer Christen hin zu Freikirchen und Sekten schloss Benedikt, die Kirche dürfe nicht durch Abwerbung wachsen, sondern vielmehr durch ihre Anziehungskraft, so wie Christus „durch die Kraft seiner Liebe alle zu sich hingezogen“ habe.

Interessanterweise sollte aber nicht diese programmatische Rede – immerhin der päpstliche Standpunkt zur Zukunft der Kirche Südamerikas in den kommenden Jahrzehnten – tags darauf die Schlagzeilen beherrschen.

Weil Benedikt auch davon gesprochen hatte, dass sich die katholische Kirche den Indios in Lateinamerika nicht aufgezwungen habe, sondern die Stämme die Ankunft der Priester still herbeigesehnt hätten, hagelte es massive Kritik nicht nur seitens der Sprecher der südamerikanischen Ureinwohner. Auch Kirchenhistoriker in Deutschland stritten um die Wahl dieser Worte Benedikts XVI. Von „unglaublicher Geschichtsklitterung“ und Schönfärberei war die Rede, während von anderer Seite ins Feld geführt wurde, die Missionsgeschichte Lateinamerikas habe auch „glänzende Kapitel der Kirchengeschichte geschrieben". Ein Streit, der sicherlich vermeidbar gewesen wäre, hätte man sich nur rechtzeitig der Worte Papst Johannes Pauls II. erinnert, der bereits im Jahr 1992 von Fehlern während der Evangelisierung der südamerikanischen Ureinwohner gesprochen hatte.

So bekam diese Pastoralreise zu ihrem Ende hin in der öffentlichen Betrachtung und Bewertung eine Färbung, die das bis dahin glänzende Bild der insgesamt erfolgreich verlaufenen Papstvisite doch merklich eintrübte.

Der Papst – ganz persönlich

Irgendwann um den Jahreswechsel 2006/2007 muss wohl einem der Presseverantwortlichen im Vatikan der Geduldsfaden gerissen sein. Vielleicht war es aber auch im Apostolischen Palast selbst. Seit Amtsantritt des Papstes aus Deutschland im April 2005 war der „Päpstliche Rat für die sozialen Kommunikationsmittel", kurz Medienrat, mit Drehanfragen vor allem deutschsprachiger Sender regelrecht überflutet worden. Jeder wollte die beste, die technisch hochwertigste und dabei natürlich exklusive „Homestory" über das Leben des Papstes im Vatikan anfertigen. Ein Prestigeprojekt für den, der den Zuschlag bekommen würde. Der Medienrat sträubte sich von einem Monat auf den nächsten; einerseits hatte man Bedenken, dass damit „Dämme brechen" und dem medialen „Ausverkauf" des Vatikan Tür und Tor geöffnet würden. Andererseits wollte man auch nicht in die undankbare Situation kommen, sich im Fall des Falles dann doch irgendeinen der anfragenden Fernsehsender herauspicken zu müssen und damit alle anderen zu benachteiligen. So fand man zu einer salomonischen Lösung.

Das Vatikanische Fernsehen CTV wurde autorisiert, einmal den Tagesablauf im dritten Stock des Apostolischen Palastes zu filmen, in den unmittelbaren Lebens- und Arbeitsräumen, auf der Dachterrasse, in den Vatikanischen Gärten, von frühmorgens bis spätabends, den Papst immer im Focus der Kameraobjektive. Da kam einiges zusammen an Videomaterial, das darüber hinaus von technisch hervorragender Qualität war. Und über diese Bilder sollten alle anfragenden Fernsehsender gleichzeitig zu einem bestimmten Zeitpunkt verfügen können. Dazu hatte man sich im Vatikan als passendes Datum den 80. Geburtstag Papst Benedikts ausgesucht. Damit, so hoffte man, würde wohl zumindest über einen längeren Zeitraum hinweg Ruhe sein mit den nicht enden wollenden Drehanträgen.

Man darf sagen, dass der Vatikan und Papst Benedikt im April 2007 insgesamt sehr präsent waren in den deutschen Medien; nicht nur, weil das seit Längerem erwartete Buch des Papstes über Jesus von Nazareth in den Handel kam, ein Bestseller, der sofort die Spitze der Verkaufslisten eroberte. Auch das Interesse am bevorstehenden „runden" Geburtstag, die Vorbereitungen wie auch das Ereignis selbst führten zu einer beträchtlichen Medienpräsenz in Rom. Zahlreiche Fernsehstationen aus aller Welt hatten Live-Standups rund um den Vatikan aufgebaut, auch wenn sich Papst Benedikt an seinem Achtzigsten gar nicht in der Öffentlichkeit zeigen mochte. Kaum ein Fernsehsender wollte es sich entgehen lassen, den „Papst privat", also die exklusiven CTV-Szenen aus dem Apostolischen Palast, so schnell es ging ins Programm zu hieven. Denn in der Tat hatte es derartige Einblicke in das unmittelbare Lebensumfeld des Papstes bislang nicht gegeben.

So konnte man Papst Benedikt in den frühen Morgenstunden beobachten beim Anlegen des liturgischen Gewandes und schweigend in Meditation versunken, danach bei der Frühmesse, an der in der Regel nur der engste Beraterstab teilnimmt. Denn bald schon hatte der Papst die unter seinem Vorgänger eingeführte Regelung wieder abgeschafft, nach der auch Gäste an dieser Morgenmesse teilnehmen konnten. Dies hatte nämlich im Laufe der Zeit dazu geführt, dass die übliche kurze Begegnung mit dem Papst nach der Messe sich – je nach Anzahl der Gottesdienstbesucher – immer mehr zu einer Art inoffizieller Privataudienz am Morgen entwickelt hatte. Doch dafür ist der Zeitplan Benedikts XVI. viel zu strikt angelegt. Überhaupt war die vormals beeindruckende Zahl an privaten Begegnungen und Audienzen mit dem Oberhaupt der katholischen Kirche nach dem Amtsantritt Benedikts erheblich reduziert worden.

Ganz neu waren auch die Szenen und Bilder vom Arbeitsplatz des Papstes, jenem Raum, in dem am Abend immer noch Licht brennt, wenn im Rest des Apostolischen Palastes bereits alle Lampen gelöscht sind. Berge von Papieren waren zu sehen, ein im Dokumentenstudium vertiefter Papst und ein emsiger Georg Gänswein, der für den Aktennachschub sorgte.

Viele Unterschriften, ständig – und Benedikt XVI. zeichnete gegen als Kirchenoberhaupt oder als Staatschef oder als beides zugleich. Das Arbeitszimmer mit seinem nüchternen Interieur unterscheidet sich im Übrigen kaum von dem in seiner vormaligen Wohnung an der Piazza della Città Leonina, in dem ich ihm bei unserer ersten Begegnung am Schreibtisch gegenübergesessen hatte. Nur das Klavier steht heute woanders.

Dass sich Papst Benedikt jedes Mal, bevor er sich am Sonntag zum Angelusgebet an dem berühmten Fenster seines Arbeitszimmers zeigt, noch schnell via Fernseher über das aktuelle Weltgeschehen informiert, dies erschien ebenso aufschlussreich wie auch einmal mit der Kamera dem Papst über die Schulter zu blicken und das Bild zu sehen, das sich dem Pontifex bietet, wenn er auf den Petersplatz blickt – oder auch auf die Altstadt von Rom, denn dieser Ausblick ist wahrhaft einzigartig.

In einer Zeit, in der im deutschen Fernsehen vor allem Kochsendungen so gut ankommen, lagen natürlich auch die Szenen aus der päpstlichen Küche voll im Trend, von der Speisenzubereitung (Rezepte wurden allerdings keine verraten) bis hin zur Vorbereitung der päpstlichen Tafel. Die Zeit des Mittagessens ist für den Papst aber keine Aus-, sondern Arbeitszeit. Regelmäßig empfängt er dazu Gäste, meist Geistliche der Weltkirche, um anstehende Dinge zu besprechen. Parliert wird meist auf Italienisch, aber auch Englisch, Französisch, Spanisch, Polnisch und Deutsch sind Standardsprachen im Apostolischen Palast.

Selbst danach gibt es nur wenig Gelegenheit, mal abzuschalten: Sofern es seine Zeit erlaubt, begibt sich Benedikt XVI. mit seinen beiden Privatsekretären zu einem kleinen Spaziergang auf die Dachterrasse des Apostolischen Palastes, um in einer Art Kurz-Briefing die weiteren Tagespläne durchzugehen und zu aktualisieren.

Echte Phasen der Ruhe und Besinnung findet Benedikt XVI. eigentlich ausschließlich in der päpstlichen Privatkapelle, in die er sich mitunter mehrmals täglich zum Gebet und zur Meditation zurückzieht. Ein sehr privater Moment, den die Fernsehkamera aber dennoch einmal einfangen durfte.

Ora et labora

Bei all dem Aktenstudium, das den Papst im Apostolischen Palast auch in den Nachmittagsstunden einbindet, gibt es für Benedikt XVI. einen festen Zeitpunkt, an dem er seinen Füller beiseitelegt. Denn das tägliche Rosenkranzgebet, verbunden mit einer Wanderung durch die Vatikanischen Gärten, bedeutet für ihn Lebenselixier. Diese Form des Gebets zelebriert er schon zeit seines Lebens. So wie er zusammen mit seinen Eltern und seinen Geschwistern in Bayern zur Muttergottes gebetet hatte, wie er es als Priesterseminarist, als Universitätsdozent und Hochschulprofessor, als Erzbischof und Kardinal in Deutschland wie in Italien stets und konsequent gepflegt hatte. Das Motto des heiligen Benedikt von Nursia, des Gründers des gleichnamigen Ordens und auch Namenspatrons des jetzigen Papstes – „Ora et labora“ –, hatte Joseph Ratzinger für sich schon sehr früh als lebensbestimmendes Prinzip übernommen und auch beibehalten.

Abtprimas Notker Wolf, der Chef des Benediktinerordens, erklärte mir einmal, dass die persönliche Annahme dieses „Ora et labora" niemals ein Kurzzeit-Entschluss sein kann. Entweder man entscheidet sich dafür, oder aber man lässt es bleiben. Denn erst in der Regelmäßigkeit des Tuns, im festen Tagesablauf mit Arbeit und Gebet, mit der Absolvierung der täglichen Anforderungen wie aber auch der Einhaltung der nötigen Ruhepausen kann sich jene innere Harmonie entwickeln, die der Mensch im Leben so benötigt wie die Luft zum Atmen. Innere Ausgeglichenheit und Engagement, Selbstdisziplin und Liebe zu Gott bzw. Nächstenliebe, darauf kommt es an, sagt Notker Wolf. Insofern ist das benediktinische Lebensprinzip auch eng verzahnt mit dem Streben nach den drei christlichen Grundtugenden Glaube, Liebe, Hoffnung.

Himmlische Blicke auf Bayern

Als ich die Filmsequenzen auf dem Monitor sah, war ich absolut begeistert. Was da über den Bildschirm lief, das waren wahre Traumbilder. Rudi Neuwardt, unser vormaliger Cutter im Studio Rom, hatte sich inzwischen als Filmemacher mit eigenem Schnittstudio in München-Unterföhring selbständig gemacht. Im Frühjahr 2007 hatte er mich angerufen. Er hätte da ein paar schöne Szenen gedreht, sagte er, wenn ich mal Zeit hätte, dann würde er sie mir gerne vorführen. Neugierig geworden, machte ich mich bei nächster Gelegenheit auf den Weg.

„Bayern at it's best", sagte Rudi stolz, noch bevor er auf die Play-Taste seines Videoabspielgeräts drückte. Und das war es dann tatsächlich. Ich kann mich nicht erinnern, jemals bessere, schönere und eindrucksvollere Luftaufnahmen von Bayern gesehen zu haben. Rudi hatte mit einer Helikopterfirma Kontakt aufgenommen, die ihre Fluggeräte mit modernsten Aufzeichnungsgeräten ausgerüstet hatte, dazu Spezialkameras mit Spezialaufhängungen. Damit wurden vor allem für diverse Kinoproduktionen technisch hochqualitative Luftaufnahmen realisiert.

Dann hatte er nur noch auf den Tag gewartet. Nicht auf irgendeinen, sondern auf den vorhersehbar hellsten, klarsten, absolut windstillen, absolut wolkenlosen und dabei auch noch strahlend sonnigen Supertag. Irgendwann kam der dann auch. Einen ganzen Tag lang flogen sie über das Land. Von Süd nach Nord, von Ost nach West, quer über Berge und Täler, Flüsse und Seen, Städte und Dörfer, Kirchen und Klöster – und die Kamera lief ununterbrochen. Die eigentlich simple Idee sollte sich im Ergebnis als genialer Kniff herausstellen. Die filmische Verbindung von einfacher Landschaft und berühmten Bauwerken, von Flusstälern und Stadtbildern, von Gipfelpanoramen und Dorfkirchen war deshalb so überwältigend, weil sie im Ablauf nicht bewusst gesetzt war, sondern sich wie zufällig aufbaute. Schon bei der Betrachtung der noch unbearbeiteten Drehbänder war ich so gebannt, dass ich gar nicht mehr aufhören konnte zu schauen und zu schauen.

Ich weiß auch nicht, was mich in dem Moment zu dem Vorschlag bewogen hat. „Rudi“, sagte ich, „daraus machen wir einen Film über Bayern. Und den zeigen wir dann dem Papst.“ „Ja, ja“, antwortete Rudi, „is‘ scho recht“ – was im Bayerischen nur die höfliche Umschreibung ist für: „Du hast ja einen Vollknall!“

Einige Tage später war ich wieder in Rom unterwegs; dabei ergab es sich, dass ich während Dreharbeiten den päpstlichen Privatsekretär antraf. Ich erzählte ihm von den schönen Luftaufnahmen und unserer Absicht, einen Film daraus zu machen. „Herr Prälat, könnten Sie sich vorstellen, dass sich der Heilige Vater diesen Film anschauen würde?“ „Warum nicht?“, antwortete Dr. Georg Gänswein, „ich werde ihn gerne fragen.“ Bereits tags darauf klingelte das Telefon an meinem Schreibtisch im ARD-Studio Vatikan. Ich glaube mich zu erinnern, dass ich auch nach Beendigung dieses Gesprächs noch ziemlich lange völlig platt und mit offenem Mund dagesessen habe. Irgendwann fing ich mich aber. Dann rief ich Rudi Neuwardt an. Diesen Triumph musste ich auskosten. „Servus, Rudi, wie geht’s?“, begann ich betont locker das Gespräch. „Geht so“, antwortete Rudi in Anspielung auf meine Rom-Standard-Antwort. „Den Film machen wir jetzt schon, gell?“ „Logo“, antwortete Rudi, „wann?“ „Geht’s bei dir nächste Woche?“ „Moment …“ Ich hörte, wie Rudi in seinem Terminkalender blätterte: „Montag bin ich schon ausgebucht. Dienstag?“ „Dienstag könnte hinhauen. Okay, sagen wir Dienstag.“ „Gut“, brummte Rudi. Wenn ich es jetzt nicht gesagt hätte, dann hätte es mich vermutlich zerrissen: „Äh, übrigens, das andere klappt auch …“ „Wie, was, das andere?“ „Na ja, weißt schon, das andere ... das mit dem Papst." „... das mit dem Papst ...", wiederholte Rudi ganz langsam. „Ja", bestätigte ich, und mein Triumph hatte den vorläufigen Zenit erreicht, „das mit dem Papst ..."

Der Titel stand schon fest, noch bevor wir mit dem Filmschnitt begonnen hatten. Irgendwie drängte er sich auch beinahe auf: „Himmlische Blicke auf Bayern". Nachdem wir jetzt aber nicht nur einen Film über Bayern vorhatten, sondern einen, den wir dem Papst vorführen wollten, musste der Film auch einen darüber hinausgehenden thematischen Schwerpunkt bekommen. „Himmlische Blicke auf Bayern – Die Heimat des Heiligen Vaters" – das war's! Und außerdem wollten wir auf jegliche Kommentierung verzichten, die Bilder sprachen ohnehin für sich. Musik aber sollte schon sein. Auch da fiel die Wahl nicht schwer, und so hörten wir uns während des „Eindigitalisierens" der Videoszenen in den Schnittcomputer zeitgleich ausschließlich Mozart an, das Köchelverzeichnis rauf und runter. Beim Schnitt selbst merkten wir sehr schnell, dass unsere Entscheidung richtig gewesen war, denn Bild und Ton harmonierten in einer Weise, wie wir es uns nicht besser hätten vorstellen können.

Schließlich hatten wir den Film fertiggestellt, ein Traumflug über Bayern mit besonderen Augenmerken auf die Orte der Kindheit, der Jugend, der Studienzeit Joseph Ratzingers ebenso wie auf die Wirkstätten des späteren Hochschulprofessors, Erzbischofs und Kardinals.

Schließlich bekamen wir auch Ort und Termin für die Film-Vorführung bei Papst Benedikt XVI. mitgeteilt.

Die Filmpremiere

Es war längst Hochsommer, als am Nachmittag des 16. August 2007 der Technik-Transporter aus München in den Innenhof des päpstlichen Palastes Castel Gandolfo einrollte. Bis dahin hatten wir es immer noch nicht glauben wollen, dass wir tatsächlich grünes Licht für diese Filmvorführung erhalten hatten.

Zur Unterstützung waren meine Kolleginnen und Kollegen vom ARD-Studio Vatikan dabei sowie ein Geschäftspartner Rudi Neuwardts. Wir hatten ihnen versprochen, dass sie tragende Rollen bekommen würden. Denn jetzt hieß es, die gesamte Film- und Vorführtechnik – und das waren summa summarum mehrere hundert Kilo – in den Audienzsaal, die prunkvolle „Sala dei Svizzeri" im zweiten Stock des Palastes, zu verbringen, wobei die größten und zugleich schwersten Teile natürlich nicht in den Lift passten.

Unsere Idee war gewesen, den päpstlichen Audienzsaal in ein Kino zu verwandeln; deshalb hatte Rudi als Präsentationsform einen sogenannten Beamer gewählt, einen Videoprojektor, der stattliche 12.000 ANSI-Lumen Lichtleistung erbrachte und damit geeignet war, den Film auf der Größe einer Kinoleinwand vorzuführen.

So musste auch alles Weitere stimmen mit den Maßen und den Projektionsgrößen, das heißt mit dem richtigen Abstandsverhältnis von Projektor und Leinwand, wie aber vor allem auch die Präsentationsart selbst. Um das Ganze in eine auch ästhetisch ansprechende Form zu kleiden, waren schließlich noch zwei Ausstattungsprofis vom BR, Sieglinde Rother und Wilhelm Kohlroß, mitgereist. Die beiden kümmerten sich darum, dass die im Audienzsaal eben auf einem Metallgerüst aufgespannte Kinoleinwand eine stilechte Verkleidung bekam. Ein robustes Holzgestell wurde gebastelt und mit schwarzem Tuch bespannt – mal glatt, mal in Falten gelegt. Am Ende waren diese Konstruktionen so um die Leinwand herumgebaut worden, dass man sich in der Sala dei Svizzeri wahrhaft in einem klassischen Kino wähnte: ein abgedunkelter Raum, eine großformatige Leinwand mit Vorhang und systematisch angeordnete Stuhlreihen.

Als dann tags darauf auch noch die technischen Proben mit der Videoprojektion sowie der Akustik funktionierten – schließlich hatten wir alles schon zuvor in München in einem Testaufbau durchexerziert –, da waren wir doch ziemlich guter Hoffnung, dass auch bei der Premiere alles gut werden würde. Bei all dem hatten wir uns auch bemüht, den Geräuschpegel während der Montagearbeiten so gering wie möglich zu halten (was sich beim Einsatz von Hammer und Bohrmaschine allerdings schwierig gestaltete), da in den unmittelbar benachbarten Räumen Papst Benedikt mit seinen Büroarbeiten beschäftigt war.

Am Nachmittag des 17. September war es dann so weit: Die Ankunft des Papstes wurde angekündigt, die geladenen Gäste erhoben sich von den Sitzen. Es war ein kleiner Kreis: die Mitglieder der „Famiglia Pontificia“, also die unmittelbar im Arbeitsumfeld des Papstes tätigen Mitarbeiter, der Bruder des Papstes, der Kardinal-Staatssekretär, der Präfekt des Päpstlichen Hauses, einige Offiziere der Schweizergarde sowie einige Ehrengäste des Bayerischen Rundfunks.

Papst Benedikt XVI. trat ein und reichte sogleich dem Fernsehdirektor des Bayerischen Rundfunks, Prof. Gerhard Fuchs, und seiner Frau die Hand. Danach sah er sichtlich erstaunt in den Saal hinein, das heißt auf das, was wir daraus gemacht hatten. Seine Reaktion stimmte mit dem überein, was uns sein Sekretär Georg Gänswein unmittelbar zuvor hatte ausrichten lassen, dass sich der Papst nämlich sehr freue auf diese Vorführung.

Alle setzten sich auf ihre Plätze, und der Fernsehdirektor hielt noch eine kleine Rede zur Einstimmung auf die Filmpremiere:

„Es ist nun beinahe ein Jahr her, seit Sie, verehrter Heiliger Vater, mit Ihrem Pastoralbesuch in Bayern dem Land und seinen Menschen höchste Ehre erwiesen und größte Freude bereitet haben. Es wurde eine für alle unvergessliche Reise. Nicht nur die Menschen in Bayern, auch Millionen Fernsehzuschauer in aller Welt konnten miterleben, wie Sie unter einem strahlend schönen weiß-blauen Himmel die Orte Ihrer Kindheit und Jugend aufsuchten, die Heimat Ihrer spirituellen Prägungen und geistlichen Vertiefungen, die dortigen Wirkstätten Ihres universitären und kirchlichen Lebensweges. Gleichzeitig wurde auch offenbar, welch gewichtigen Anteil die Schönheit des Bayernlandes, seine tiefgreifende kulturelle und spirituelle Verankerung und auch die Frömmigkeit und Traditionsverbundenheit seiner Menschen an dieser Ihrer herausragenden Vita hatten und haben. Ihre Liebe zu Ihrer bayerischen Heimat strahlt erkennbar zurück und erfreut bis heute die Herzen derer, die dort leben.

Und aus dieser Inspiration heraus ist dieser Film, den wir Ihnen heute zeigen dürfen, entstanden – ‚Himmlische Blicke auf Bayern' zeigt an einem wunderbar klaren Sommertag die Heimat des Heiligen Vaters, ausgewählt schöne Luftaufnahmen vom Land der Bayern mit seinen Bergen und Seen, den Städten und Dörfern, den Kirchen und Klöstern, allumfassend anvertraut dem Schutz der Patrona Bavariae.

So wünsche ich Ihnen nun viel Vergnügen beim Betrachten der ‚Himmlischen Blicke auf Bayern', und ich erlaube mir noch, Ihnen ein kleines Präsent zu überreichen, das wir mitgebracht haben und das den Blick auf diesen weiß-blauen Himmel verewigen soll – einen Jubiläumsbecher der Nymphenburger Porzellan-Manufaktur zum 250-jährigen Jubiläum."

Dann ging's los mit der Filmpräsentation, das Licht im Saal wurde gelöscht, und Papst Benedikt XVI. saß zusammen mit seinem Bruder in der ersten Reihe bei diesem „Nonstop-Flug" über Bayern.

Als nach einer halben Stunde der Film mit Bildern des Schlosses Hohenschwangau sowie des bayerischen Alpsees geendet hatte, da war der Papst dann auch der Erste, der Beifall klatschte, und der Rest der Zuschauer stimmte mit ein. Rudi Neuwardt und ich waren während der Vorführung auf den Sitzplätzen unmittelbar hinter dem Papst postiert worden. Als ich jetzt zu ihm hinüberblickte, da war Rudi ziemlich bleich und hatte jede Menge Schweißperlen auf der Stirn. Also war es ihm genauso ergangen wie mir; auch ich fühlte mich in dem Moment völlig ausgelaugt, denn das Lampenfieber war erst während der Vorführung so richtig durchgebrochen. Wir hatten ja auch keine Ahnung, ob und wie dieser Film bei dieser höchsten kirchlichen Prominenz und an diesem exklusiven Ort ankommen würde. Mit dem langen und freundlichen Beifall aber fiel mir ein ganzes Steingebirge vom Herzen.

Papst Benedikt XVI. stand auf und ging zu einem vorbereiteten Mikrofon. Dann lächelte er in die Runde.

„Sehr verehrter Herr Direktor, Eminenza, Eccellenza, meine Damen und Herren, zunächst möchte ich einfach Vergelt's Gott sagen für dieses wundervolle Geschenk, das sie uns an diesem Nachmittag gemacht haben. Wir haben sozusagen vom Himmel her auf Bayern hinschauen dürfen und haben entdecken können, wie viel Himmlisches es auf Erden gibt, wie viel Himmel auch auf der Erde ist. Nicht immer gelingt uns dieser Ausblick, deswegen ist es schön, wenn wir Augenblicke geschenkt bekommen, in denen wir wirklich vom Himmel her schauen und so das Himmlische bei uns entdecken, über den Augenblick hinausgelangen können und die Freude an der schönen Welt Gottes finden dürfen.

Ich fand es auch eine großartige Idee, dass Sie das nicht durch Worte haben interpretieren lassen, sondern durch Mozart. Eine schönere und bessere Interpretation dieser ‚Himmlischen Blicke' könnte ich mir nicht vorstellen. Es ist Musik, in der man spürt, dass sie vom Himmel inspiriert ist und in der zugleich die ganze Schönheit unserer Erde aufgefangen ist, die Synthese von Himmel und Erde da ist, und in der wir das Gut-Sein der Schöpfung empfinden dürfen, von dem der Schöpfungsbericht redet. Und da uns das nicht immer so aufgeht, deswegen sind wir umso dankbarer, wenn uns Augenblicke gegeben sind, in denen wir es sehen und hören dürfen.

Ich konnte sozusagen noch einmal die Wege meines Lebens in Bayern abschreiten, und vieles andere Schöne haben Sie dazugenommen, so dass ich empfinden durfte, welches Geschenk es ist, in diesem Land geboren zu sein, und zugleich auch die Dankbarkeit für die Reise des vorigen Jahres noch einmal in mir aufgestiegen ist, wo die Menschen die Freude und die Dankbarkeit für unser Land und die Dankbarkeit dafür, dass uns Gott gezeigt worden ist, dass Gott sich gezeigt hat, dass wir in der Kirche über alle Grenzen hinweg eine Gemeinschaft sind, zum Ausdruck gebracht haben.

Herzlichen Dank auch für das schöne Geschenk, das mich immer an diesen Nachmittag erinnern wird: Nymphenburgisch, also ganz dem Herzen Bayerns und seinem Sinn für das Schöne entstammend. Und ich hoffe, dass auch viele andere Menschen durch diese ‚Himmlischen Blicke' Freude am Leben, Dankbarkeit für die Gabe Gottes und so Kraft zum Weitergehen empfangen dürfen. Herzlichen Dank!"

„Auf Christus schauen“

Dass die Pastoralreise Papst Benedikts nach Österreich das letzte Kapitel dieses Buches ist, das folgt einerseits aus der zeitlichen Chronologie der Ereignisse. Andererseits aber wurde während dieser vergleichsweise kurzen Visite vom 7. bis 9. September 2007 in Wien, Mariazell und dem Stift Heiligenkreuz bei genauer Betrachtung noch einmal und überdeutlich klar, was diesem Papst wirklich wichtig ist.

Leider spielte das Wetter nicht mit. Es schüttete derart, dass man schon während des ersten Besuchstags in Wien nicht mehr garantieren konnte, ob tags darauf die Zufahrtswege zum Marienwallfahrtsort in der Obersteiermark noch passierbar sein würden. Tatsächlich kam es mancherorts zu Überschwemmungen und Erdrutschen. Außerdem ereilte den Fernsehsender ORF, der als sogenannter Host-Broadcaster für die Live-Berichterstattung, also die Produktion des sogenannten Weltbildes für alle angeschlossenen Fernsehanstalten verantwortlich zeichnete, massives Pech. Fünfmal innerhalb von drei Tagen kam es zu langanhaltenden Stromausfällen, und das auch noch während der Live-Übertragungen vom Papstbesuch. Merkwürdige technische Pannen ereigneten sich, wie anderswo auch, bei unserem ARD-Vatikan-Team: Beinahe zeitgleich gab die Mehrzahl unserer bis dahin einwandfrei funktionierenden Handys plötzlich den Geist auf, was wohl ebenso auf die vorherrschende extreme Nässe zurückzuführen war. Das prägende Bild jener Tage waren Menschen unter transparenten Plastik-Regenhauben, überall. Am 7. September, beim Gebet an der Mariensäule vor der Kirche am Hof, beim Gedenken an die von den Nazis deportierten 65.000 Wiener Juden am Holocaust-Mahnmal auf dem Judenplatz, bei der Festmesse vor der Basilika von Mariazell – eigentlich überall, wo sich der Papst im Freien bewegte. Lediglich am letzten Besuchstag nach dem Hochamt im Wiener Stephansdom und während einer anschließenden Visite im Stift Heiligenkreuz hatte Petrus offensichtlich Regenpause verordnet. Vielleicht war aber auch einfach nichts mehr zum Ausschütten da.

Doch unabhängig von der Wettersituation: Ein ganz bestimmtes Bild hatte sich mir stark eingeprägt. Der Papst war erklärtermaßen als „Pilger unter Pilgern" gekommen, denn der eigentliche Reiseanlass war der 850. Jahrestag der Gründung des Wallfahrtsortes Mariazell gewesen. In ihrer äußerst bewegten Geschichte war dieser Glaubensstätte über die Jahrhunderte hinweg eine grenzüberschreitende, europäische Dimension zugewachsen. Aus dem Westen wie dem Osten gleichermaßen kommen gerade heute wieder die Pilger hierher, um vor der Madonna mit Kind zu beten, die – mit Unterbrechungen – seit dem Jahr 1157 in Mariazell verehrt wird.

Als Papst Benedikt dann schließlich selbst unmittelbar vor dieser Statue stand – jener Muttergottes, die mit einer Hand auf ihren Sohn deutet und damit auch der Pastoralreise das Motto „Auf Christus schauen" gab –, da wirkte er, ins Gebet vertieft, in einer Weise entrückt, dass man auch beinahe schon sagen könnte, der Gegenwart entzogen. Ich bin überzeugt, dass er hier, in der Zwiesprache mit Gott, konzentriert der Spur seines ganz persönlichen Credos folgt, der Suche nach dem Antlitz Christi. Denn diese Suche begleitet und leitet ihn schon durch sein ganzes bisheriges Leben. Deshalb auch war er zum Beispiel ins mittelitalienische Manoppello gefahren, um das dort verehrte mysteriöse Muschelseidentuch mit den angeblich wahren Gesichtszügen Christi zu betrachten. Deshalb schrieb er sein ganz persönliches Buch über Jesus von Nazareth. Deshalb besuchte er die Grabstätte des von ihm innig verehrten Kirchenvaters und Heiligen Augustinus in Pavia, weil auch dieser bereits im 4. und 5. Jahrhundert die Gläubigen zu seiner Erkenntnis von Wahrheit, zu Christus hinführen wollte.

Viele solcher Beispiele ließen sich hier anführen. Sein Gesichtsausdruck in diesen Momenten der spirituellen Versenkung angesichts solch bedeutender Ikonen, Reliquien und Heiligtümer ist dann stets derselbe. Jeder kann das beobachten: Sein Blick wirkt verklärt und auf einen imaginären Punkt irgendwo in der Ferne gerichtet, und ein leichtes Lächeln umspielt die Lippen. Minutenlang verharrt er so im Gebet.

Dass er sozusagen qua Amt näher dran an Gott ist, das ist für einen katholischen Bayern so etwas wie eine „gesicherte Vermutung". Aber auch der Papst selbst sitzt nicht wie ein Privilegierter zwischen Himmel und Erde auf einem Thron des exklusiven göttlichen Wissens, um gewissermaßen von oben herab all die Gläubigen in die richtige Richtung hin zu Gott zu dirigieren. Papst Benedikt ist vielmehr in der Gemeinschaft mit all den anderen Gläubigen selbst Teil dieser Pilgerschaft; in dem Glauben, in der Hoffnung, wie in dem Bestreben, sich selbst wie vor allem aber auch all die anderen auf dem richtigen Pfad zu leiten, bis diesem Pilgerzug schließlich – wie es verheißen ist – eines Tages der auferstandene Christus entgegenkommt. Dass ihm selbst für eine gewisse Zeit die Führung dieses Pilgerzuges anvertraut werden würde, das konnte er nicht wissen, als er unmittelbar vor Beginn der Papstwahl seine Predigt im Petersdom mit folgenden Worten beendete:

„Unser Dienst ist ein Geschenk Gottes an die Menschen, um seinen Leib aufzubauen – eine neue Welt. Leben wir unseren Dienst auf diese Weise, als Geschenk Christi an die Menschen! Aber ganz besonders in dieser Stunde bitten wir inständig den Herrn, dass er uns nach dem großen Geschenk Papst Johannes Paul II. einen neuen Hirten gemäß seinem Herzen schenkt, einen Hirten, der uns zur Erkenntnis Christi, zu seiner Liebe und zur wahren Freude führt."